吴泾史话

WUJING SHIHUA

张乃清——著

上海闵行地方文史丛书（第二辑）

中西書局

图书在版编目(CIP)数据

吴泾史话/张乃清著.—上海：中西书局,2023
(上海闵行地方文史丛书.第二辑)
ISBN 978-7-5475-2110-6

Ⅰ.①吴… Ⅱ.①张… Ⅲ.①乡镇—地方史—闵行区
Ⅳ.①K295.15

中国国家版本馆 CIP 数据核字(2023)第 073943 号

吴泾史话

张乃清 著

责任编辑	马 沙
封面设计	梁业礼
责任印制	朱人杰
出版发行	上海世纪出版集团 中西書局(www.zxpress.com.cn)
地 址	上海市闵行区号景路 159 弄 B 座(邮政编码：201101)
印 刷	常熟市人民印刷有限公司
开 本	700 毫米×1000 毫米 1/16
印 张	11
字 数	157 000
版 次	2023 年 5 月第 1 版 2023 年 5 月第 1 次印刷
书 号	ISBN 978-7-5475-2110-6/K·431
定 价	78.00 元

代码 地区名称
310112110001 吴泾新村居委会
310112110014 双柏新村居委会
310112110015 氯碱新村居委会
310112110016 通海新村居委会
310112110017 永南新村居委会
310112110018 永北新村居委会
310112110019 新华新村居委会
310112110020 宝秀路居委会
310112110021 紫葛南园居委会
310112110022 枫桦景苑居委会
310112110023 三新街居委会
310112110024 虹梅新苑居委会
310112110025 阳光苑居委会
310112110201 革新村村委会
310112110202 英武村村委会
310112110204 星火村村委会
310112110205 友爱村村委会
310112110206 共和村村委会
310112110207 和平村村委会
310112110211 新建村村委会
310112110212 塘湾村村委会
梅陇镇
徐汇区
吴泾镇
浦江镇
黄浦江
奉贤区
江川路街道
新建村村委会
塘湾村村委会
和平村村委会
友爱村村委会
星火村村委会
幸福村村委会

吴泾镇现状地图

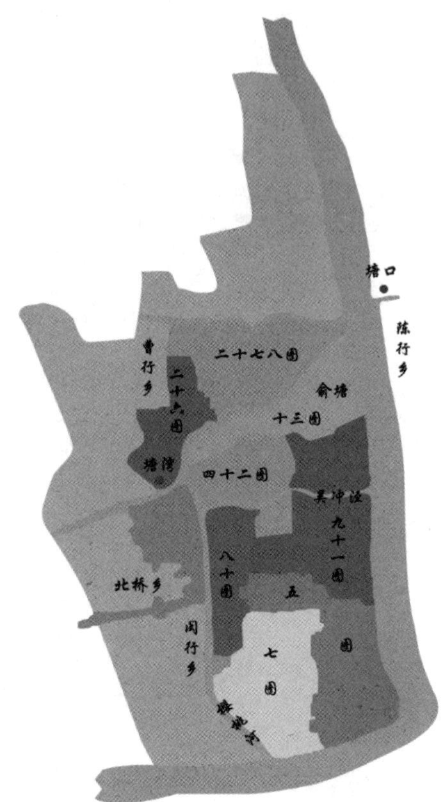

1918 年区划示意图

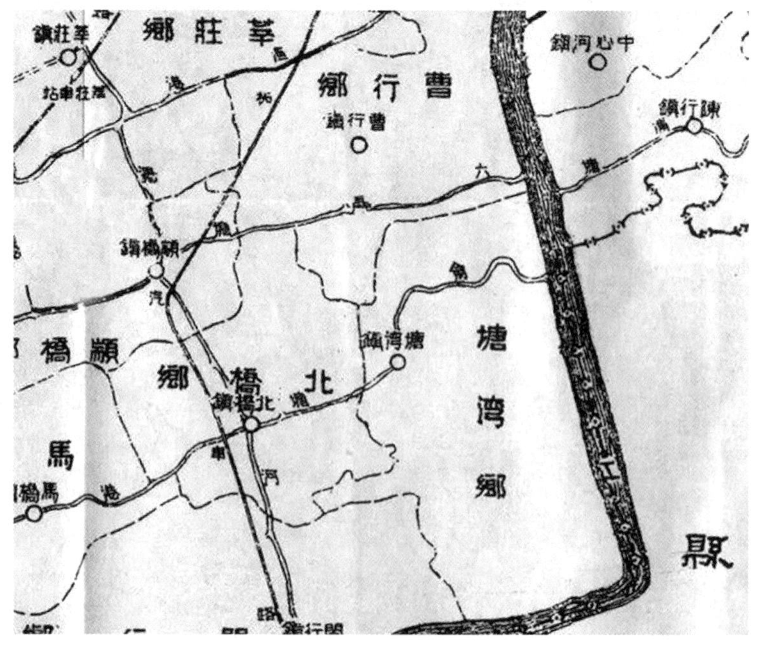

1934 年区划示意图

前言

Preface

千年莺窦湖,浦江第一湾。

这里自古是个好地方,地处上海腹地,又紧倚黄浦江,经历了两千多年的农耕时代,曾是粮棉生产基地,又盛产芦纹土布,人们乐耕勤织,民生安宁。这里人才辈出,大多志在造福家乡,看重的是田园风情和文化传统。近百年间,这里区划多变,城镇化建设起步较晚。历经人间沧桑,但是人们追求幸福的意志从未磨灭,共建家园的传统代代相承。

这里是浦江之珠:早在宋代嘉泰年间,就有邹姓村民在黄浦江畔建造了一座南广福寺,俗称“邹家寺”。寺旁遗存的宋代井栏,如今完好保存在闵行古藤园里,让人怀想历史的沧桑。新时代,上海市委、市政府正着力打造的滨江生态通廊蓝图,必将使“浦江第一湾”成为一座吸引中外宾朋的“大客厅”。

这里是尚义之地:明代进士蒋性中用朝廷奖励他建牌坊的钱造了一座尚义桥的故事被传为美谈,崇德尚义的淳朴民风代代相传。而今,以“保护母亲河俱乐部”为标杆的近百支志愿队,已成为新时代文明建设最有力的传承者。

这里是耕读之乡:明代巨型水利工程“江浦合流”竣工后,独特的地理环境,使“第一湾”畔盛产粮棉,水旱无忧,古代就有乡谚云:“三世修来邹家寺,干勿煞来没勿煞。”这里文人隐居,宋末卫宗武创作的《秋声集》入选《永乐大典 · 六卷》,还有元代“词林英杰”宋子正及卫德辰等,都在此留下了许多优美诗篇。而今吴泾镇与华东师范大学携手年年举办的“樱桃雅集”,吟诵的就是优秀传统文化流传的雅韵。

这里是圆梦之城：1920年，就有实业家在吴冲泾渡口附近创立了“中华第一窑业工场”，倡导实业救国；1927年，乡民陈秋帆加入共产党，在这里率先燃起了红色火种；这里诞生了中国现代政治学的奠基人钱端升，1953年1月，毛泽东主席为其亲笔签署了任命书。1956年11月，国家决定在“二五”计划中兴建一批国产化的大型氮肥厂，吴泾成就了新中国化学工业史上的辉煌。1964年国庆期间，中央政府组织了70多个国家的驻京大使馆代表参观吴泾化工厂。吴泾曾经的“五朵金花”，就是新中国工业化建设的一个缩影。

改革开放，使吴泾工业区老树开新花，为上海经济发展继续做出了重要贡献。党的十八大后，吴泾迈入产业结构调整新阶段。2017年，在新一届党委的领导下，吴泾终于实现了华丽蝶变，被命名为“国家级科技时尚特色小镇”，历史从此翻开了新的一页。

历史是最好的教科书，不忘来时路，方知向何行。心有所信，方能行远。“幸福都是奋斗出来的。”从江边集镇，到工业重镇，再到特色小镇，吴泾人追求幸福的意志从未磨灭。我们今天取得的成绩，就是祖祖辈辈的吴泾人辛苦耕耘、努力奋斗而来的。往事越千年，今天，我们每位身处新时代的党员干部，都应好好学习“四史”，增强“守初心、担使命”的思想自觉和行动自觉。而这本书，就是帮助我们了解吴泾千年历史演变和发展的一扇窗口，它可以让浓浓的历史人文底蕴融入每个人的心里，并化作奋斗和前进的不竭动力。我们要依托这一底蕴，览浦江之形胜、承尚义之流觞；沐莺窦之灵秀、品文化之绵长；享科技之荣光、引流行之风尚；汇民生之所需，谱生态之华章。

吴泾，自古是个好地方！我们的目标，就是把吴泾打造成宜居、宜学、宜业、宜创，人人引以为豪的“一生之城”，希望每个吴泾人都能在这片美丽的土地上圆梦，更希望国内外各路英才纷至沓来，到“浦江第一湾”来圆梦！

目录 / Contents

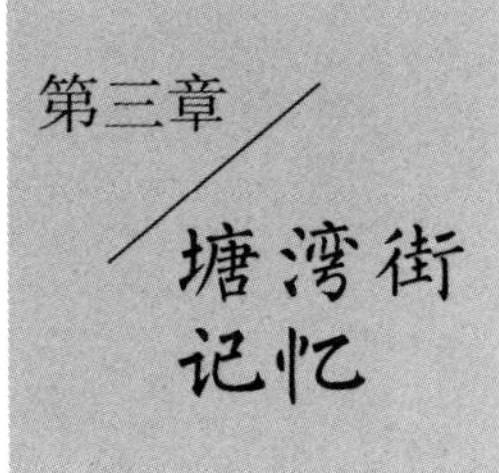
第三章
塘湾街记忆

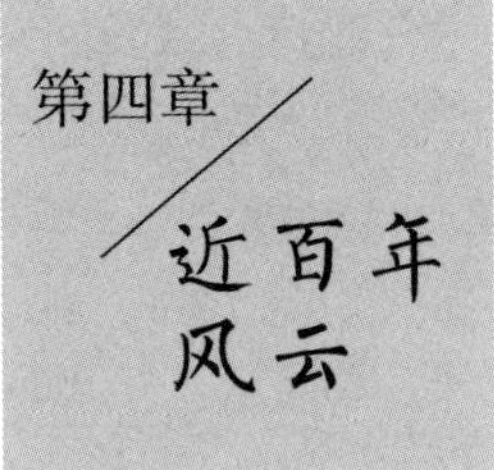
第四章
近百年风云

附录

第一章

吴冲泾览胜

黄浦江畔

黄浦江“第一湾”全景

从吴冲泾到吴泾

“吴泾”这个地名源于黄浦江支流吴冲泾，而其所指区域长期没有形成共识。

吴冲泾，河道长数里，曲折萦回，西通莺窦湖，南面有“唐子泾”（今称“塘泗泾”），北面有俞塘河并行。

元末明初，当地有王、钱、张诸姓家族造船募人在吴冲泾畔设立便民摆渡船，人称“吴冲泾渡”。渡口附近尚没有村落，建有“永慈庵”，供渡江者息脚。随着渡口人来人往，这里成了要道口。后来，乡人又在渡口北面建“吴冲泾庙”，内有“斗姆阁”，香客不绝，人气渐涨。

吴冲泾下游的南北两岸，明清时代属上海县二十一保九图、十一图，归塘湾乡。

清代晚期，在黄浦江开通短途客船航线，在这江边设有码头，可通往上海十六铺，俗称“吴冲泾航船”。

宣统元年（1909），本地日新小学堂改称“吴泾小学堂”，并被载入《上海县续志》。由此，“吴泾”两字作为地名，开始在乡人口中流行。但是，此时的“吴泾”，仅指“窑头”一带。1920 年 3 月，在江边渡口附近建立中华第一窑业工场（1923 年改称“信大砖瓦有限公司”）。不久，闵南轮船公司客轮和浙江“湖州班”“平湖班”客运轮在此设班船码头。这里人口骤增，渐形成集市，人称“窑上”或“窑头”。

1930 年，上海县第二区分设吴泾乡（原九、十一图范围）、六道乡、甘露乡、观涛乡和塘湾镇。“吴泾”首次成为官方确认的地名，而“窑头”一带俗称“小吴泾”。

抗日战争爆发后，小吴泾市面衰落。1947 年，吴泾乡和六道乡合并，称乐道乡。原吴泾的地盘，就此几乎不见了。

1958 年 8 月 1 日，刚兴建的上海氮肥厂更名为上海吴泾化工厂。9 月 30 日，上海市轮渡公司开辟杜吴线轮渡航线，吴泾渡口重新热闹起来。同时，从渡口向西修筑公路连接塘湾镇、北桥镇，取名北吴路（北桥镇至吴泾轮渡口）。为工业区配套而建的华港路也往南延伸至吴泾轮渡口，改称龙吴公

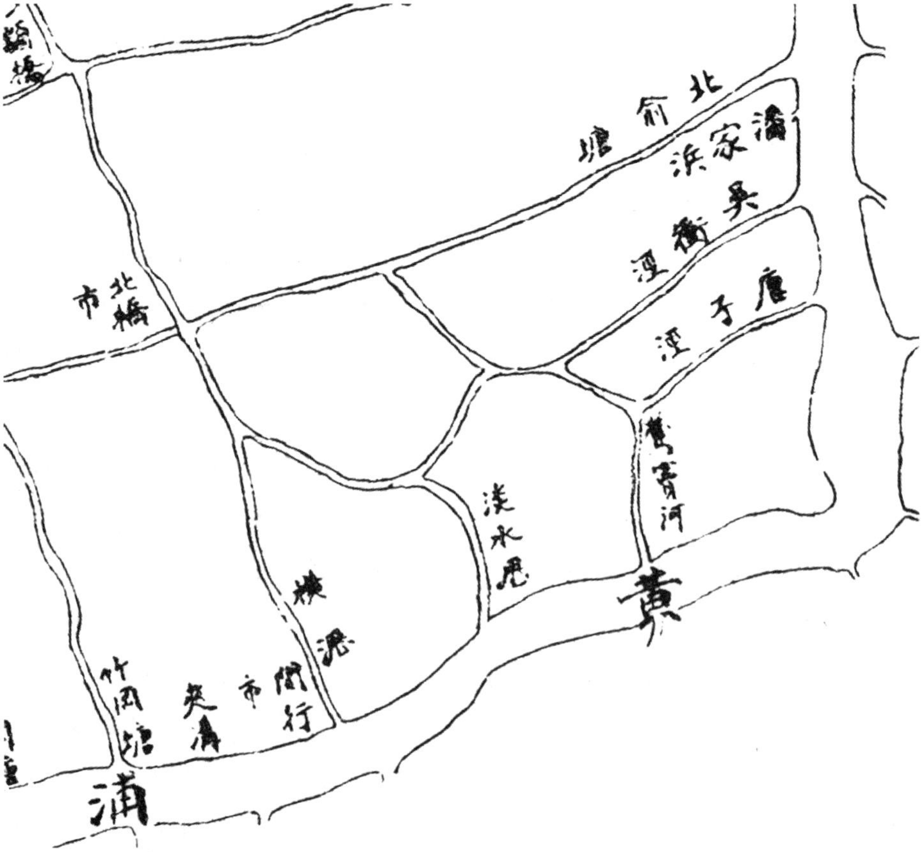

民国《上海县志》浦北水道图

路。这里,先后兴建吴泾新村、吴泾二村、永德新村和社区公共设施,成为化工工业区职工生活区,人称上海“卫星城”。就此,吴泾一下子向北扩展了许多,中心移到了工人新村区域;而江边的小吴泾逐渐被边缘化,后来这里被吴泾热电厂征用,吴泾轮渡口也迁移到剑川路东端。

1959年12月,吴泾一带从上海县划出,归入新建立的闵行区,取名“吴泾镇街道”(1961年更名为“吴泾街道”)。1982年起,吴泾街道地区又称“吴泾工业区”,面积为11.6平方千米。

2000年10月18日,吴泾街道与塘湾镇合并,建立闵行区吴泾镇。吴泾镇保留吴泾村,面积为0.7平方千米。

几经变迁,历史上的吴冲泾故道如今已经湮没,其南面的“塘泗泾”(原名“唐子泾”)成为东西向主要河道。

江浦合流“第一湾”

黄浦江名称由来

贯穿上海的母亲河黄浦江是长江的最后一条支流，干流全长113.40千米，主流源出淀山湖口淀峰，上承太湖之水，接通苏南河网。

黄浦江闵行区段处于黄浦江流域中段，东岸流经浦江镇、浦锦街道，北岸和西岸流经马桥镇、江川街、吴泾镇、颛桥镇。全长近30千米，西自女儿泾口起，向东至闸港折北至近徐浦大桥出境。

黄浦江中游段，从大涨泾南口米市渡起，过得胜港、闵行渡，达闸港口，古称“瓜泾塘”“横潦泾”，宋代改称“黄浦塘”“黄浦”。黄浦之名，始见于南宋绍兴二十八年（1158）高子凤为西林（今三林镇西）南积教寺所作的《碑记》中。明初，设在闵行老镇的官方机构称“黄浦巡检司署”。

明永乐年间“江浦合流”后，黄浦改道北折，经七个曲折十八湾，到龙华港，北接沿上海县城厢一带的“上海浦”。河身开阔，在闸港附近有300米，闵行渡一带达320米。纵浦横塘，其支流密如蛛网，四通八达。由此，人们改称“大黄浦”“黄浦塘”“黄浦港”以及“南黄浦”“东黄浦”等，长期未有统一的名称。

直至明末清初，当时的文士们为造神而附会或形象化戏说“春申君开凿

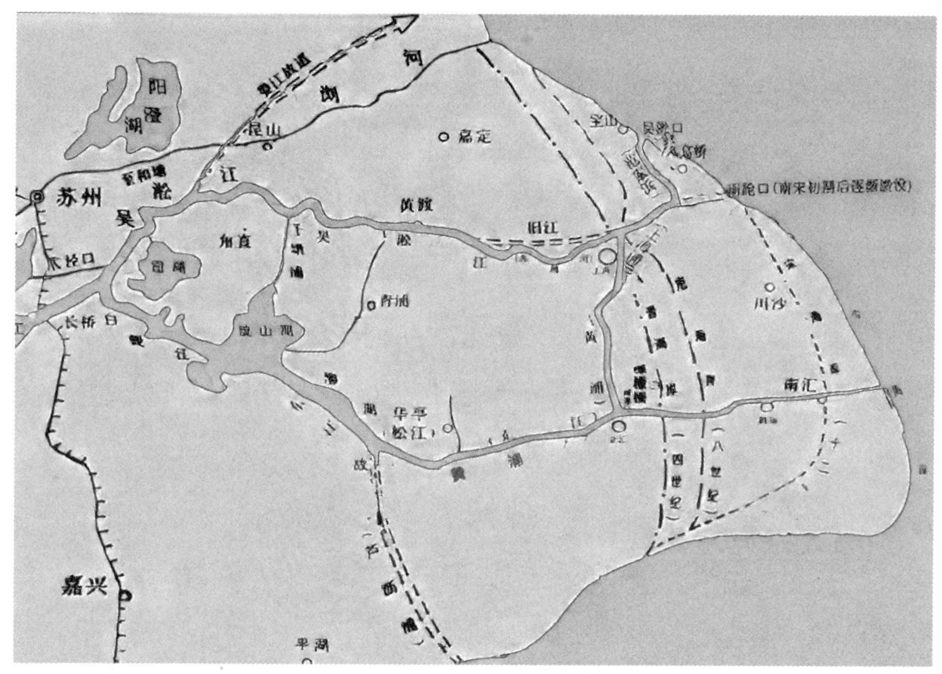

"江浦合流"水系地图

黄浦江"之类传说，始称"黄歇浦""黄龙浦""春申浦"等名称。清道光年间上海开埠后，外国人把"黄浦"写作"Whampoo River"，多了一个river（江河），于是从此被叫作"黄浦江"。

邹家寺与寺嘴角

在当今黄浦江东流北折处，宋嘉泰年间（1201—1204）建有"南广福寺"，由僧人宗印始住寺。清嘉庆《松江府志》记载："里人邹运干舍宅建，俗呼邹家寺。孙德之有记。寺临黄浦，浦自西流至此折而北。"

因此地凸出江心，今人称之为"邹家寺嘴"，后又称"寺嘴角""寺嘴上"。原先，南广福寺紧倚黄浦江，因潮水凶悍，危及寺基，乃内迁里许（今乐道村东南隅）。清咸丰年间（1851—1861），何南浦等募修后殿。光绪年间（1875—1908），何锡昌等募修前殿。民国六年（1917），何毓桂又筹款修葺，

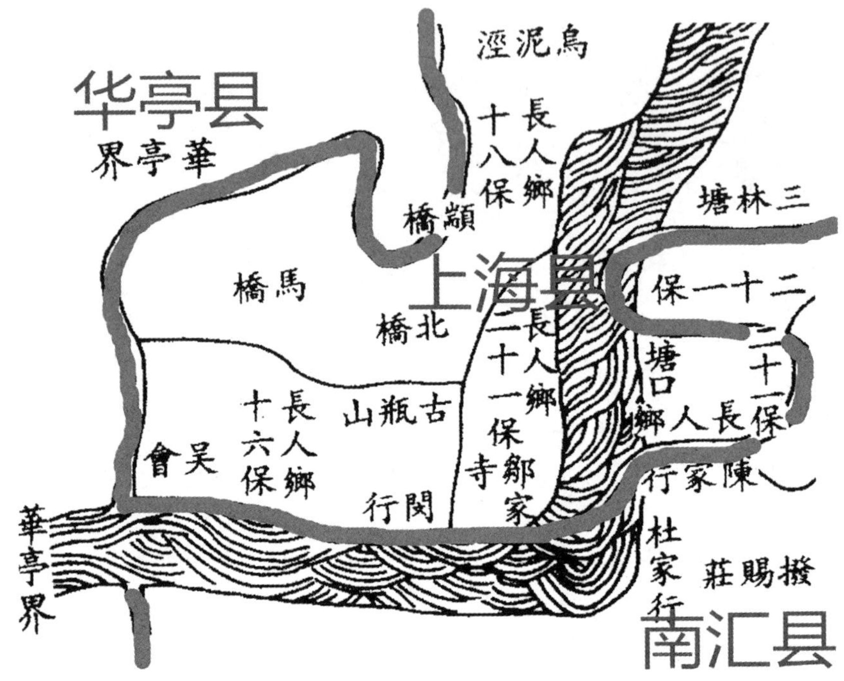

清雍正年分建南汇县后区划示意图

有房20多间。1950年,寺废。

这一带地势高亢,自古旱涝无忧,因此当地有谚称“三世修来邹家寺,干勿煞来没勿煞”。

这里曾设有邹家寺摆渡口,俗称“寺嘴渡”,浦南对闸港口,又称“闸港渡”。因地处上海、南汇、奉贤三县交界处,且江面较窄,行人往来频繁。

“江浦合流”工程

明永乐元年(1403),江南地区遍发大水,吴淞江的入海处百余里,沙泥充斥,芦苇丛生,几乎成为平陆。朝廷决定派户部侍郎李文郁辅助户部尚书夏元吉奔赴江南,治理太湖水患。夏原吉布衣徒步,遍历偏僻,亲自踏勘,并召见熟谙水利的官属吏民,广泛听取意见。在松江府巡视时,夏元吉收到上

海县叶宗行和华亭县张昕(1367—1434,字宾旸,号西畴,洪武三十一年举人)等书生的建言函,主张放弃吴淞江入海故道,疏浚范家港,引黄浦水向北会合吴淞江,再寻道入海。

叶宗行,明代上海县长人乡叶港镇(时为叶家行,今浦江镇正义村五组)人,叶家行一带时为上海县长人乡十九保四十二、四十三图藏字圩,与四十五图的鲁家汇一带相邻。当时,叶家行已是个市镇,市中心的南北港为运盐干河,直通东江。

叶宗行为上海县学庠生,通晓天象、农事,精于历算、测绘,读书崇尚气节,关心民生,勇于直言。他居住在"大黄浦"畔,连年饱受水患之苦,因此经常考察周边地形地貌,遍查典籍,琢磨治水方略。闻知夏原吉奉命前来治水,便以诸生身份上书提出建议,主张放弃黄浦接吴淞江处"遏塞难浚"的一段,开挖其旁的范家浜(相当于今外白渡桥至复兴岛东的一段)"浚令深阔,上接大黄浦,下接南跄浦口",引淀泖之水入海。

夏原吉接到叶宗行和张昕的治水建议,不由眼前一亮,当即邀请叶宗行前去面议,还亲迎阶下,声称:"诚如先生之言,受益多也。"

"黄浦夺淞"示意地图

夏元吉采纳叶宗行和张昕的建议，向朝廷奏报治水具体方案，特别提及自己“与共事官属及谙晓水利者参考舆论，得其梗概”，并分析当时状况，称：“自下界浦抵上海县南跄浦口可百三十里，潮沙壅障，茭芦丛生，已成平陆。欲开浚，工程浩大，且滟沙淤泥，浮泛动荡，难以施工。”为此，计划从疏凿范家浜入手，“又松江大黄浦至南跄浦口，可径达海，宜浚令深阔，上接大黄浦，以达泖湖之水”。还计划设置石闸，以时启闭。每岁水涸之时，修筑围岸，以御暴流。“如此则事功有成，于民为便。”明成祖朱棣批准了夏元吉的方案，并指派苏州、松江、常州、嘉兴四府出动20余万民工，听候调遣。

上述史实，在明代王圻（1530—1615，字元翰，号洪洲，诸翟人）的《稗史汇编》和郎瑛的《七修类稿·事物四·忠靖二事》中均有记载，史称：

> 夏公尝治水，苏、松延儒讲求水利。有叶宗行者与焉，见公治水久未成功，潜奏于朝。有旨令公复奏。公大惊，即日邀宗行，亲迎阶下，曰：“诚如先生之言，受益多也。”未几，荐叶于朝。宗行得授钱塘知县。公后奏绩之日，曰：“是叶促成也。”

永乐二年（1404），夏元吉亲自主持“江浦合流”开凿工程，“役兵民数万，抚恤之。人人尽力，布衣徒步，日夜经划”，严寒不避冷，盛夏不张盖，奋战了一年多，终于引太湖水入刘家港、白茆港，疏浚吴淞江、大黄浦、赤雁浦，使上游积水出吴淞口。

叶宗行、张昕随同夏元吉治水。相传，叶宗行协助夏元吉制定了河道管理制度，将当时设置测量水位的石标，称作“忧欢石”（水位上涨为忧，水位正常为欢）。因治水有功，叶宗行被推荐到浙江钱塘出任知县。

由此，吴淞江演变为黄浦江的支流，黄浦江水系形成。范家浜疏浚之后，“水势遂不复东注松江，而尽纵浦水以入浦，浦势自是数倍于松江矣”，遂形成“黄浦夺淞”的局面。

海瑞建闸

原先的黄浦江东流入海段，古称“东江”。因受东海潮汐影响，这里的水位和流量一日三变，极难控制，以致“江浦合流”后古东江流域依然灾害频发。

明隆庆三年（1569）夏，刚担任应天府（今南京）巡抚的海瑞来到这里，实地勘察黄浦江水道后，顶着重重压力，推出以工代赈治理河道的新方案，亲自主持在金汇港东侧的古东江口修筑起一道大坝并建造水闸，依靠此举调控东流水量，迫使黄浦水在此北折而去。东江口水闸建成后，虽连续两年遭遇大洪水，但排水及时而未酿成灾害，“江浦合流”工程的效应就此更加完善。浦南名士何良俊不由赞叹：“非海公肯担当，安能了此一大事哉！”

由此，这里人称“闸港口”，将东流入海的东江古道改称为“闸港河”，河道入口岸边逐渐形成“闸港镇”。

闸港口

悬渡庵银杏树

闸港河水闸建成后，黄浦江折北转弯的“老虎口”，更显水深浪急漩涡大。明洪武十九年（1386），有高僧来建“悬渡庵”（又称“悬渡禅院”）。庵中有一棵高大的银杏树（今为0121号古树），黄浦江上的航船将其作为地标。然而到了晚上，其功能就失效了。光绪《南汇县志》记载，黄浦江闸港段为大转弯，每当风号雨晦天黑，江中要进闸港的航船大多找不到方向。

乾隆五十七年(1792),乡人瞿松山等耆老和客商们一再要求县衙在此添设“天灯”(即航标灯)。南汇县知县胡志熊体察民意,批拨土地,在闸港口设立了一座“天灯”,并雇人每天点亮,商旅齐声称便。咸丰年间爆发兵灾,天下大乱,愍渡庵被毁。同治三年(1864),里人夏祖庚募修愍渡庵,但是江边的天灯已经无人再去点亮。同治十三年(1874),南汇县知县金福曾(字苕人,浙江嘉兴人)顺应民意,把天灯灯杆移到愍渡庵前,恢复其功能,获乡人世代称赞。

“第一湾”景观示意图

邹家寺渡隔江相对闸港口,改称“闸港渡”,又称“愍渡”。因地处上海、南汇、奉贤三县交界处,且江面较窄,行人往来频繁,形成闸港镇(今永新村)。因走黄浦江的船只常停泊在此候潮,清雍正年间商市渐稠密,居民数十家。自光绪三十年(1904)轮班通航,商市益盛,遂成水陆码头。每逢农历九月初九重阳节的前后三天,为闸港口庙会,八方来聚,人气颇旺。

历史价值

“江浦合流”和“东江建闸”工程，兼顾灌溉和漕运两大功能，协调蓄水、调水、漕运、配水到灌溉，实现了动态平衡，诠释了“天人合一”、人水和谐的可持续发展理念。

“江浦合流”之后，黄浦江替代吴淞江成为太湖泄洪的主要通道，不仅改善了上海西南部众水壅滞淀山湖、泖湖的局面，而且形成“以浦代淞”的水系变化和浦东浦西的地理格局，为日后上海港的建立和上海地区的繁荣创造了条件。为此，清人秦荣光《上海县竹枝词》云：

浦水原从闸港东，筑塘捍海口遭封。
北东流入吴淞口，江浦初凭一线通。

叶廷琯《浦西寓舍杂咏》有一首专咏此事：

一条黄浦划西东，百里人烟指顾中。
略似岷江分两戒，波涛直接海天空。

从此，当地人将向北去的浦江称“东黄浦”，而将西来的浦江称“南黄浦”。

“江浦合流”之后，沿途低洼地蓄水大量减少，大片圩田得到开发。黄浦江由此成为通商要道，巨轮可直抵上海县城下，上溯黄浦江可通往郡城，使上海县从一个普通县城发展成“江海通津，东南都会”。从此，浦东、浦西两岸夹峙，为今日上海奠定了人文地理新格局，功垂千秋，意义非凡。

本地黄浦江支流有吴冲泾、清芳浜、唐家浜、塘泗泾、安宜泾、虾蟆浜、潘家浜、双月潭、阳月潭、月潭、天落沟等。

在邹家寺嘴和闸港口之间，由黄浦江与金汇塘、闸港河（今大治河）相交成独特的“三水八岸、十字水系”格局，拥有长约 40 千米、天然稀缺的对称型岸线，场面奇独，气势不凡，今人称之为“浦江第一湾”。

龙舟赛会

从闵行老镇渡口至黄浦江转折处的闸港口，江面开阔，是举办龙舟比赛的最佳场所。自清乾隆年间起，这一段黄浦江上多次在农历五月初五端午节举行龙舟竞渡活动。闵行镇届时还有端午庙会。闸港镇同样也是热闹非凡。

乾隆四十年(1775)陈金浩《松江衢歌》称：“龙潭五月聚龙舟，瓶酒随波没鸭头。不及闵行喧夜渡，烧灯荡桨唱吴讴。”并自注称：闵行镇有春申庙，靠近黄浦江边，龙舟极盛，入夜更喧，挑灯划桨，吴歌回荡。道光年间陈行镇胡式钰(1781—1849)所著《窦存》一书记载：“黄浦之阔不三里，而潮势汹涌，近海也。虽善舟者恒患之。闵行镇每端阳并前后数日，为龙舟水嬉，远近观者云集。”“旧传其镇龙舟本十三，嗣一沉于浦，弄舟者俱不起，故十二。”

嘉庆年间的某年五月初五，闵行名士李林松(字仲熙，号心庵)与张蔼如(号六瑞)、李炜(字春帆)、顾耐秋(号尚惇)等登上春申阁，观看黄浦江中的龙舟竞渡，当场吟唱联句：

令节逢岁中，月日互加五。(李林松)
吴人叱蛰龙，拿舟戏江浒。(张蔼如)
阳侯树熊旗，天吴伐鼍鼓。(李　炜)
横列班剧骖，直出激强弩。(顾耐秋)
掉尾盘曲蛟，劈面斗虓虎。(李林松)
白桨荡日轮，红灯烛水府。(李　炜)
长年矜身手，仕女饰眉妩。(张蔼如)
骈阗出巷陌，飞尘渍汗雨。(顾耐秋)
胜事传一朝，豪情俨千古。(李林松)
昔人哀湘沅，遣俗创此举。(张蔼如)
事久渐失真，徒尔哄市佑。(李　炜)

不知三闾魂,果否甘角黍。(李林松)
渡江顾恺之,蹑屐张雕武。(李 炜)
二李尤清狂,文举与德祖。(顾耐秋)
相逢一笑灿,挥手谢哙伍。(李林松)
痛饮读《离骚》,恍与古人语。(张蔼如)
小集得四人,联吟答重午。(李 炜)

《窦存》一书还记载,道光十九年(1839)五月初五辰刻,闸港西面的何家渡附近,江上风猛潮急,有人登船张帆,但还没来得及下柁,船就翻了,船上41人中有38人溺死。消息传来,黄浦巡检司官员即以“梦惊城隍告急,风大浪急,明日观龙舟者多不吉利”告诫居民。于是,该年龙舟赛会随之取消。此后,赛会声势逐年衰退。

20世纪80年代的浦江第一湾

等待大开发

如今，浦江第一湾已成为新时代开发建设的热土，其周边东西南北正在发生翻天覆地的变化。

浦江第一湾浦西段已建成一座公园，初名滨江湿地公园，现定名为“浦江第一湾公园”。公园是在水源涵养林的基础上建成的，保留了大量原有的林木水系，园内河流、湿地、密林交错，呈现了公园生态的多样化，颇有自然野趣。这里还有大面积的草坪，时有三三两两的家庭在草坪上扎帐篷露营，野餐、放风筝，垂钓、骑行，享受难得的慢时光。

新开发的“兰香湖”于 2018 年 9 月正式启动建设，湖体呈钥匙形，寓意一把打开城市新生活风尚的钥匙。

黄浦江、大治河、金汇港“三水交汇地区”，正以“世界眼光、国际标准、海派特色、高点定位”进行规划，将重点优化滨水空间与功能、生态景观，打造世界级滨水区。

浦江第一湾公园

吴冲泾下游古貌

《塘湾乡九十一图里志》

吴冲泾下游地区，明、清时代为上海县二十一保九图和十一图，属塘湾乡。

清道光十四年(1834)，本地文士何文源、王蔼如、张惠曾等纂辑《塘湾乡九十一图里志》，七月编成上卷(何文源序，主要收集的是关于地方概况的资料，如表明区位所在的四至、河道分布以及流向，有关庙庵的记载，以及未能收入县志的人物事迹)，九月编成下卷(王蔼如序，主要是一些记述社会下层人民的生活景象、社会逸闻的诗词和杂记)。纂者熟谙地方掌故，喜爱乡土民歌，使里志颇具特色。原稿今未见，上海图书馆藏有清末抄本。1962年，上海市文物管理委员会重印该里志。

何文源，字景韩，号采江。清嘉庆十四年(1809)入上海县学。

王蔼如，字乐山，号韵卿，清嘉庆七年(1802)十月十六日生。祖籍山西太原，明万历年间先祖王仰畴(字伯修，号山农，岁贡生)始迁吴冲泾地区。祖父王舟(字抡士，号济川，清乾隆年间本地武庠生，著有《聊复斋诗集》)，父亲王馥(字蕙芬，号微觉山人，通历法，著有《读易汇参》)。王蔼如幼年丧父。启蒙于父亲同好何文英(字昌宗，号咏梅，湛深易理)。道光六年(1826)入上海县学。道光十九年(1839)为副贡生。

张惠曾,字纪堂,号杞村。清道光年间佾生。

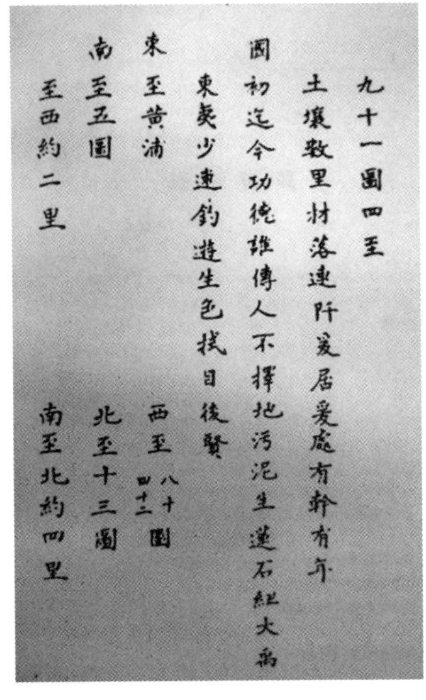

九十一圖四至

土壤數里村落連阡爰居爰處有斧有斤

圖初迄今功德誰傳人不擇地污泥生蓮石紅大禹

東奐少連釣遊生色找日後賢

東至黃浦　西至八十 四十二圖

南至五圖　北至十三圖

至西約二里　南至北約四里

《塘湾乡九十一图里志》书影

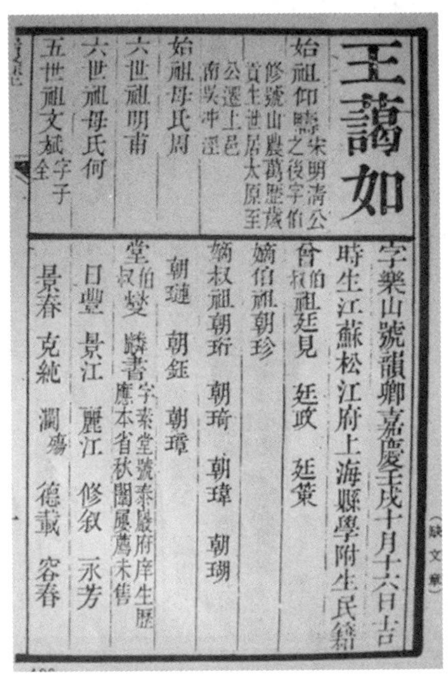

王藹如

始祖仰疇宋明清公之後字伯修號山農萬歷歲貢生世居太原至公遷上邑南吳冲涇

始祖母氏周

六世祖明甫

六世祖母氏何

五世祖文斌字子全

字樂山號藹卿嘉慶壬戌十月十六日吉時生江蘇松江府上海縣學附生民籍

曾伯叔祖廷見　廷政　廷策

嫡伯祖朝珍

嫡叔祖朝珩　朝琦　朝瑋　朝瑚

朝璉　朝鈺　朝璋

堂伯叔燮　麟書字素堂號黍巖府庠生歷應本省秋闈屢薦未售

日豐　景江　麗江　修叙　永芳

景春　克純　瀾殤　德載　容春

王蔼如朱卷书影

江边风情

王蔼如所撰《游吴冲泾记》,生动地记载了这里的古貌风情,表达了热爱家乡的情怀:

去县治南七十余里,有吴冲泾。泾之长可数里,东合申江,西入莺窦湖。其间曲折萦回,荡漾纡徐,非竟日游殆不能悉。微风徐来,流若织纹,忽然而怒,锵鸣金石,变迁万状,与时推移,无以穷其胜慨。由泾西望,村落棋布,葭荻环周,百步一折,犹龙蜿蜒。其东则烟起渔舟,帆集瓜步,怒涛如山,远树如荠,赏胜搜奇,心神凝释。与梳羽曝沙之鸟,

掉尾狎浪之鱼，同其意趣。古之人其有乐乎此者耶，今之人其有乐余之乐耶。暮归为记，既述其乐，且志吾乡游息之所，斯泾最也。

而本地佾生张惠曾撰写的一首《田家月令》，生动地描述了农家一年四季的生活情景，充满乡土味和幸福感。诗云：

正月田家贺岁朝，东邻西舍尽欢招。
旧来灯市今能否，相约杯盘乐一宵。

二月田家服用华，藜羹煮饭笋煎茶。
牧牛稚子携蒿菜，割蒲村姑摘杏花。

田家三月过清明，驾犊扶犁力课耕。
烟雨霏霏身入画，天公妙手轶关荆。

四月田家到处忙，棉花欲种多登场。
种花预备公私赋，登麦时闻饼饵香。

千耦耕耘腰背驼，田家五月敢蹉跎。
这般辛苦无多日，饱听秋成大有歌。

日光如火昼方长，六月田家汗似浆。
破帽遮天骑犊背，牧童何福受清凉。

七月田家是暇时，省亲少妇抱娇儿。
几多瓜果时鲜物，夫婿亲携后面随。

木樨花发晚风凉，八月田家逸兴长。

螺勺乍收垂叶露，鸭炉又炷敬天香。

秋稼如云喜气扬，田家九月庆重阳。
粉凝玉乳糕初熟，糟滴珍珠酒乍香。

十月田家社会哗，铺张肴核斗繁华。
东邻处士何为者，不看迎神看落霞。

冬至初交岁欲阑，田家欢饮坐团栾。
老翁指廪为儿说，一半须将官赋完。

爆竹声高响震天，还看丁倒贴春联。
田家腊月宽闲甚，整理衣衫待拜年。

吴冲泾江边另有古庙栖云庵，即马氏家庵，明崇祯九年(1636)里人马应麟建造，清道光年间废。惠济庵，又称姚家庙，供关帝神像，位于黄浦江斗牛渡口旁。

剥狗桥头

当年，星火村杨家宅与友爱村北奚宅嘉乐堂分处清华浜南北两岸(位于今剑川路北，宝秀路西)，隔河相望。横跨清华浜有座砖拱小桥，因年久失修成了危桥，乡人出进只得绕道而行，极为不便。

清嘉庆年间某一日，北奚宅有人经过杨家宅时，遭遇宅上的一条狗追咬，其恼怒而将狗击毙，并剥去狗皮。杨姓人家得知后，扬言要报杀狗之仇。两姓人家就此成了仇家，以致清华浜两岸纠纷不断，甚至互相斗殴抗衡，结果击伤了杨家宅人。

杨氏族人愤而不平，索性将奚家杀狗者告到上海县衙。县令见这件“剥

狗案”，实因两岸无桥而彼此缺少沟通所致，断案称：“奚氏无故伤杨家之犬，自当负咎，然杨氏以此而欲加殴于奚氏，错哉！鉴奚、杨两宅，因无桥难沟通而鲜往来，不妨有奚姓聚资建桥焉，以赎前愆，今后就不会再闹出这种事端。”两姓人家都感到县令说得在理。

结果，北奚宅的奚万成慨然出资，在清华浜上新建砖拱小桥。就此，两宅得以沟通而重归于好。

因这一缘故，原有废桥人称“剥狗桥”，附近村宅亦称“剥狗桥头”。1985年后，因城市建设，清华浜上的小桥均已拆除。

白墙里

金红村中部有个村宅，其村民大多是从邻村王家宅迁来的。因王家宅曾发生三次火灾，被人称为“火烧王家宅”，因此迁到这里的人家为避火患，不再用芦芭做护墙，改用石灰粉外墙。当时，本地纯白外墙尚不多见，乡人称奇，称这里为“白墙里”。

明代本地大宅院

“南马北王，地上天堂”

明永乐年初，实施“江浦合流”工程之后，黄浦江两岸不再遭受水涝之灾，农业生产得以发展。至万历年间，吴冲泾一带已形成不少颇具规模的村宅，其中最为著名的有王氏厅、马氏厅、钱氏厅等大型宅院，显示了当时大户农家的实力。

清道光《塘湾乡九十一图里志》记载：王氏厅，由明代王春华建造，“画栋雕梁，云屏镜彻，光彩陆离，造者目眩。由前至厅，室凡四进。其由后入者，历二室三堂，而后与厅会，计室共十进，而厅处其中。厅东西为客馆二，书舍四，井七，布置巧密，陈设精工”。马氏厅，由马应麟建造，“马氏为前明世家，列屋数百，望若云屯，厅甚壮丽”。时有俚谚称“南马北王，地上天堂”。

《塘湾乡九十一图里志》还记载：“王马盛时，鼎立者有钱氏。钱富不及王，而文学辈出，贵不如马，而蓄积饶多。”

后来，王氏厅毁于火灾，马氏厅因年久失修而废。

钱氏“花厅”

明崇祯年间，钱宏仁、钱宏义兄弟合力建造新宅院，选用名贵楠木，精心刻桷丹楹，取名“燕翼厅”，规模虽不及王马，但量力而行，历久不渝，乡人称为“花厅”。

花厅构件

花厅宅院格局恢宏大气，仪门豪华，南有照壁，北有楼台，西有侧厅，周围小河环绕，青竹合抱。经口耳相传，花厅美名远扬，遂成为村宅地名。

可惜，历经清代数次兵灾，至民国年间，除花厅正厅外，仅存四个智井（废井）井栏石。

这里，曾经改作“插队落户知识青年”用房、生产队仓库和托儿所。如今，花厅正厅幸存，但已身处现代楼房包围之中。残留在横梁上精雕细琢的花纹,以及竖立在天花板边缘的"龙角"等构件,保留着古宅当年的气派。可惜因权属复杂,难以切实保护。经多方呼吁,现已略做修复。

"花厅"内景

沿浦摆渡口

元代张之翰《过黄浦》诗云:“黄浦春风正怒号,扁舟一叶渡惊涛。请君来问民间苦,何用潮头几丈高。”自古以来,人们外出时陆行靠脚,水行靠船,凡道路被水隔断的地方,若是没有桥,就会在适当的位置建一个渡口,设船只来回“摆渡”,分为官渡(免费,称义渡)和民渡(略收渡资)两种。黄浦江边,相隔数里即有一个摆渡口,往往与寺庙相邻,形成一道水岸风景线。

车沟港渡

车沟港渡,位于黄浦江中段六磊塘车沟港口,北为车沟村,南为双溪村。

明嘉靖三年(1524),上海县知县郑洛书在二十一保设立车沟港至浦东塘口镇的官渡,由手摇木船免费渡客。从此,这里成了人们越江的重要通道。

只可惜当年渡船稀少,落下个“等煞车沟渡”的话柄。但因有慷慨好义的塘口镇康梓钦(字会龙)捐田 20 亩,常年收租,充当渡口船工的收入;又有金良栋、孙茂华、叶梦飞等捐田筹款,备作每年修渡船的费用,才确保乡民出行便利。

清光绪中叶，沿浦盐捕营以缉私盐为名，时常敲诈勒索客商，没收渡船，造成交通中断。若有急事过江，只得叫私家小舢板帮忙摆渡，因时遇风浪险象环生，百姓因此怨声载道。为此，陈行镇秦荣光奔走乡里，募集资金建造新船，游说上海道台准予开放渡口，并立下乡规，渡船装载私盐即拿船工是问，但不再收缴渡船。从此，每日有两艘摆渡船往返载客，各开行十班，百姓称便。

1928 年时，车沟渡手摇渡船开渡不设时，来回需耗时五十分钟，渡资每人五个铜板。

车沟港渡口附近曾有关帝庙，旧时农历五月十三、九月十三日为庙会日。1937 年 8 月，遭日军飞机轰炸。

1945 年，中共地下党组织为抗日游击队开通黄浦江秘密交通线，这里为浦西上岸口。两岸交通员密切配合，频繁地传递党内文书，护送或接应联络员过江，一切顺利。

1962 年 1 月，上海县交通运输管理局开辟了“塘车轮渡航线”，接替手摇摆渡船。1964 年 4 月 1 日，上海县政府将塘车线移交上海市轮渡公司统一管理。2003 年 3 月，塘车线改称“陈车线”。2012 年 6 月 1 日起，使用世博空调客渡船。

如今，陈行公路轮渡站位于塘口村陈行公路西端，车沟桥轮渡站位于梅陇镇澄江路 11 号。

斗牛渡

黄浦江大桥港口（原为塘湾乡星火村六队），明代时有座供奉关帝神像的惠济庵，是当地姚氏人家的家庙，俗称“姚家庙”。这里地僻人稀，南距寺嘴角渡、北距吴泾渡各三里，乡人为了就近越江交往，在姚家庙旁边设了一条手摇摆渡船，自行自便。而对岸为浦东翁家港，地处盐铁塘口，在此摆渡可算是一条捷径，因时有行人前来借道越江，便成为远近闻名的摆渡口，人称“姚家庙渡”，简称“姚家渡”。

相传,浦东的耕牛经海风吹沐,雄健有力。时有些不法之徒偷盗浦东耕牛转卖到松江去,而姚家渡地僻人稀,路程近便,成了他们的捷径,以致这里被人们称作“偷牛渡”。乡人生怕恶名远扬,只得在渡船上写明“斗牛渡”。

然而,“偷牛渡”之地名流传了300多年,直至20世纪50年代停渡,人们还时常提及。1922年,里人姚如士、姚荣生、姚关林等募资重修姚家庙。

吴冲泾渡

明永乐年间“江浦合流”之后,吴冲泾成为黄浦江的重要支流,位于黄浦江入口处的“吴冲泾渡”人气日盛,成为重要地标。渡口对岸为浦东姚家浜。

崇祯二年(1629),花厅宅的钱宏仁、钱宏义在渡口边建“永慈庵”,供渡江者息脚,内供观音像,并有庵田5亩,供住持资生计。清嘉庆元年(1796)九月重修。

后来,乡人又在通济桥东侧建造“吴冲泾庙”。清乾隆年间,本地武庠生王舟(字抡士,号济川)撰有《游吴冲泾庙》,称:“江头遗庙境超凡,会意幽寻众妙咸。动殿雷声前后浪,拂窗云影去来帆。”后因浦堤屡坏,嘉庆十年(1805),吴冲泾庙迁建至通济桥北(时有桥联称“北连千年香火朝,南接慈航万渡头”)。庙有房三进,20多间,供奉上海县城隍秦裕伯神像。庭中植银杏一株,粗可盈抱。时有庙田四亩。

明末,里人王茂忠在此建造草房,供奉佛像。清康熙三年(1664),在王家塘西北角舍宅建“斗姆阁”。乾隆四十年(1775)夏,张惠曾等集资重修。光绪三十年(1904),里人王树声等重修。民国二十六年(1937),改建为吴泾小学校舍。

渡口的船只维护和正常运行,全靠民间捐助。清咸丰元年(1851)冬和民国初年,在斗姆阁内立有《吴冲泾渡捐钱记碑》《吴冲泾渡西船记碑》《吴冲泾渡东船记碑》和《渡夫奚化新捐建渡船记碑》。咸丰元年冬,里人王蔼如所撰《吴冲泾渡西船记碑》详细记载了当时实情,颇为有趣,全文如下:

黄浦,故楚春申君就封邑所开,潭三吴水利者重焉。顾襟江带海间,潮汐最近,风涛汹涌,不可为梁。于是循浦南北为东西渡者数十百处,吴冲泾渡其一也。渡东南汇县,其西则上海某图。里中耆姓王、钱、张诸氏族,自前明即已造舟、募人,供津逮役。凡往来行李及乡里村墟咸便之。今兹窳(坏)漏,子宴或他鬻。将便民者奚费便若佥曰:是宜由旧而更新之,乃陈于诸大吏。一切蒇事,所以善其后者,仍诸家世为经理焉。夫事有玩而御丛,细已甚而患实巨者,一舟之激,历十数世犹有食旧德,服先畴之遗风,俾我后嗣子孙毋废高曾规矩。至若断港绝流,民乃病涉,风雨晦暝,卬须弗及,有济川之大志者,心窃忧之。是役也,由旧则易循,不繁则可久。渡口西有斗姆阁,某从弟兆槐欲立石其中以永之,嘱余为之记。其复建章程及同人姓氏供刊于后,后之问津者亦将有感于斯文。

咸丰元年冬,里人乐山王蔼如撰

向山王兆槐经事,宛伊陈昌言书

邹家寺渡

在"邹家寺嘴",自古设有摆渡口,俗称"寺嘴渡",浦南对岸为闸港口,又称"闸港渡",靠近慜渡禅院,因此又称"慜渡"。地处上海、南汇、奉贤三县交界处,且江面较窄,行人往来频繁。1956年,此处渡口停渡。

何家渡

南黄浦北岸曾有何家渡,地处吴泾镇英武村虹梅南路隧道口,今已建滨江公园。

当年,何家渡是个热闹的摆渡口,对岸为浦南的白庙港口。这里江面较窄,易渡,人称"三篙子十八橹"即可渡过。相传为明洪武年间里人何梅轩(何文瑞高祖父)所建,因建渡者为安徽庐江(今属合肥市)人,故又称"庐江

津渡”。清光绪年间,渡口一度荒废,宣统年间由何忠节公祠恢复摆渡功能。20世纪50年代停渡。

航船埠头

清末,在塘泗泾李介桥、车沟渡两地设有埠头,开通短途客船航线,俗称“吴冲泾航船”,为木帆船,往返于上海外滩十六铺。同时,每月逢农历十二、二十六日有专往闵行老镇的航班。

客轮码头

闸港口原先有两座轮船码头,面对闸港河、金汇港、黄浦江三水交汇处。

清光绪三十年(1904),闵行镇李显常(字镜海)受父亲李祖锡之命,在乔世德(字念椿)等好友的支持下,集资组建第一家内河轮船公司,取名“敏航轮船局”,购置了有客座200位的内河铁壳蒸汽内燃机小火轮,一艘名“闵馨”,另一艘名“湖江”,首辟闵行至上海南市关桥码头的内河客运航线,每日往返对开四班,俗呼“闵行班”。“闵行班”轮船航线途经闸港,在闸港建造了木质结构的接客码头。因闸港河内已有客轮船码头,故称之为“闸港外码头”(今永丰村九组)。

1914年,敏航轮船局招股增资,改组为新公司,取名“闵南协记内河轮船公司”(简称“闵南轮船局”),并添置了“新闵南号”和“平申号”客轮。

1916年,平湖轮船公司从德国进口一艘双引擎客轮,开辟平湖至上海的航线,也要在闸港外码头停靠,闵南公司不同意,平湖公司只得在码头北面自建码头。时隔五年,两公司讲和,合并为一码头,并扩建了候船室,开设了饭店、客栈等。不久,温州人在码头东面建造了开泰石灰厂。

1930年后,闸港外码头有闵行班、张堰班、平湖班、海盐班、新埭班、同里班等多家客轮停靠,乡人称便。

当时,浦西在信大砖瓦厂附近也设有班船停靠码头,可通达上海外滩十六铺和浙江省平湖、湖州等地。

杜吴线车轮渡

1958 年 9 月 30 日,上海市轮渡公司开辟“杜吴线轮渡航线”(浦东杜行至浦西吴泾)。1959 年 11 月,由上海县交通运输局接管。1964 年 1 月,交还上海市轮渡公司经营管理。1972 年起,兼渡车辆。

吴泾轮渡站今貌

吴泾丁氏家族

近代,吴泾小丁家宅的丁氏家族人才辈出,对推动地区发展产生了重要影响。

丁竟成

丁竟成(1889—1929),字汝霖、汝舟。幼年丧父,家境清贫。14 岁投师松江得胜港名医萧也秋。18 岁回塘湾挂牌行医,医寓取名“绿意轩”。萧也秋因病早逝,为报师恩,丁竟成将其遗子萧守仁接到塘湾扶养,并培育其成才。

丁竟成医名鹊起,遂在上海南洋桥同康里设有分诊所,每周三次坐诊。他为人忠厚,好善乐施。一次,他途经吴泾渡口,见一个 13 岁杜行女孩胸窝处生有疡疮,奄奄待毙,即在渡口关帝庙内施治,并在药方中加入人参,嘱其到“长春堂”药店撮药,不必付银。

同村丁志成从树上摔下,树枝戳入肚门,危在旦夕。不巧,丁竟成出诊在外,乡人急忙将其追回。他仔细观察后,发现直接手术恐其体力不支,便取来一支人参让其含在口中,结果不日即愈。

丁竟成精于中医外科,也研究西药,率先采用静脉注射“六〇六”(二氧二氨基倡砷苯二氢氯化物)。民国初,他发起成立“浦东西医学公会”,有 40

多人定期聚会。

1918 至 1919 年,世界大流感疫情袭击中国,出现一波又一波“怪病”。夏秋时节,眼看疫病开始在本地大流行,丁竟成忙邀集四方医护人员,在塘湾乡公所设立施医局(俗称“义诊所”),免费施诊给药,救活了许多人。

1921 年,丁竟成主持创设塘湾保婴会。

1925 年,丁竟成出任乡议事会议长。

因操劳过度,积劳成疾,1929 年 1 月 17 日,丁竟成患脑溢血突然离世,年仅四十一岁。

丁竟成著有《丁氏秘方》三册,先后授徒 14 人,大多成为本地名医。

丁光弼

丁光弼,字梦松。本地清末乡儒,热衷地方公益。光绪三十二年(1906),创办日新小学堂。

1912 年 7 月,丁光弼担任乡议事会议员。1919 年,募资重建钱家木桥。1923 年 12 月,续任乡议事会议员。

丁及成

丁及成,丁竟成胞弟。凡公益善举,无役不赞成。1921 年,他与丁竟成一起创办保婴会。1923 年 12 月,出任乡议事会议员。1924 年 7 月,任乡议事会议长。后任上海县第二区区长。

丁连根

丁连根(1896—1942),为求生机,拜师学木匠。技艺精湛,尤其擅长雕花,享有盛名。曾在松江天马山(俗称“烧香山”)自开店铺,专营木器家具。1937 年抗日战争爆发后,社会动荡,他只得回乡执业。1942 年,他因染肺病身亡,终年 48 岁。

第二章 莺窦湖风情

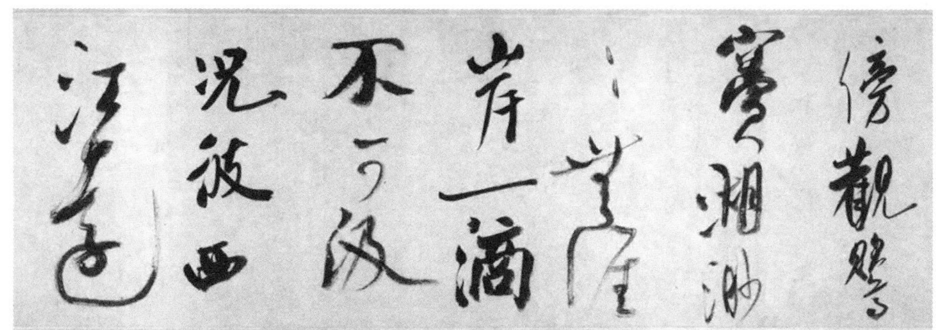

米芾《吴江舟中作》诗卷(局部)

莺窦湖示意地图

古人笔下莺窦湖

莺窦湖，北起俞塘河，南迄黄浦江，北宋时湖面约有 200 万平方米，气势不凡。

米芾行草手迹

北宋元丰五年（1082）初春时节，时任青龙镇监镇的著名书画家米芾（1051—1107），乘船路过莺窦湖，感慨良多，留下了行草大作《吴江舟中作》诗卷（现珍藏于美国梅多鲍利坦美术馆）。诗中有“傍观莺窦湖，渺渺无涯岸。一滴不可汲，况彼西江远”句，感叹莺窦湖浩瀚无边，无法越渡。

随着岁月变迁，人口增多，尤其是乡人为谋生而不断拓展农田，莺窦湖水面被占用。历代地方文献的记载略有不同，从中可发现其由“湖”变“河”的变迁足迹。南宋绍熙四年的《云间志》记载“莺窦湖，在县东三十里，周回五里”，可见其水道较短，形似湖泊。明正德《松江府志》引洪武《上海县志》记载：“邢窦湖，在上海西南五十五里，周五里，旧有邢、窦二姓居此，故名。”清同治《上海县志》则记载：“莺窦河，一作莺脰河，亦名邢窦河。相传邢、窦二姓居此。俗呼樱桃河。”1929 年 6 月 24 日《申报》刊《建设局技术员报告测勘里数》一文，正式使用“樱桃河”作为河名。

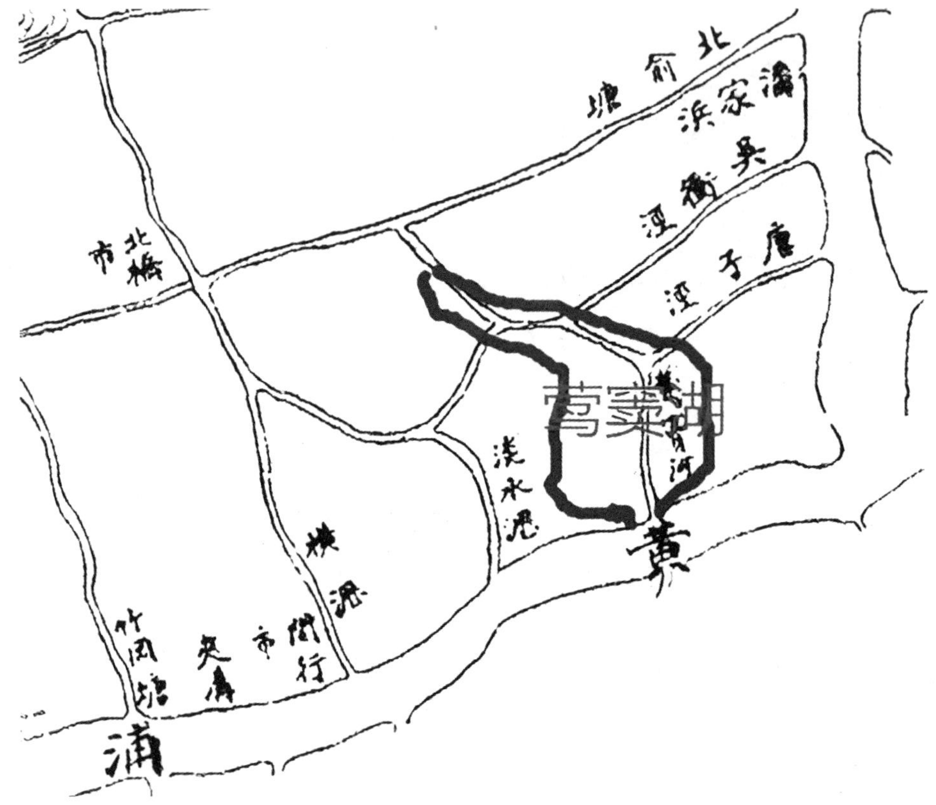

莺窦湖示意图

明天顺四年(1460),南京都察院右副都御史崔文奎(字应宿,号松溪),主持疏浚六磊塘、莺窦湖、乌泥泾、沙竹冈塘水,通流入黄浦,民众深感其惠。至16世纪初,莺窦湖的面积已大幅缩小,最终成了一条长约7千米的河道,人称“樱桃河”。清光绪《松江府续志》记载,樱桃河长“一千八百九十八丈”。

莺窦湖有淡溪(今淡水河)、姚溪等支流。

清乾隆年间,当地国学生蒋堉(字郢高)和清晚期蒋淑英(字绣余,蒋性中十三世孙女)先后撰有《咏莺湖十景》诗,均列“自卑闻磐”“尚义落虹”“双杏垂荫”“重坊旌节”“乐勤遗构”“邢窦故墟”“蒋氏弦诵”“屠墓樵吟”“南浦归帆”“东皋采药”等十景。

民国《上海县志》记载：莺窦湖永宁桥东原有五株古银杏树。可见这里的人文风光非同一般。

清同治十年(1871)，上海各地建团练局时，莺窦湖一带并入闵行乡。后来，又时分时合。

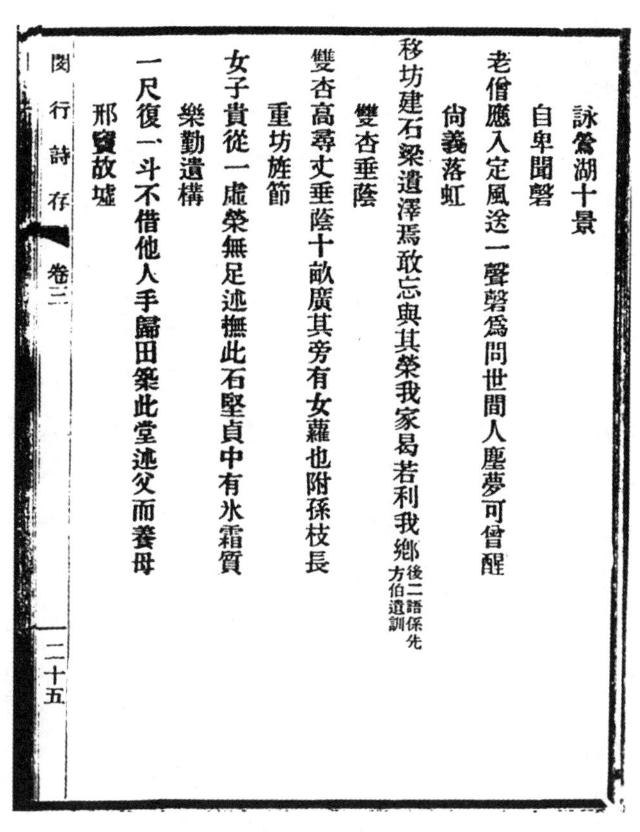

詠鶯湖十景

自卑聞磬

老僧應入定風送一聲磬爲問世間人塵夢可曾醒

尙義落虹

移坊建石梁遺澤焉敢忘與其榮我家曷若利我鄉（後二語係先方伯遺訓）

雙杏垂蔭

雙杏高尋丈垂蔭十畝廣其旁有女蘿也附孫枝長

重坊旌節

女子貴從一虛榮無足述撫此石堅貞中有氷霜質

樂勤遺構

一尺復一斗不借他人手歸田築此堂述父而養母

邢窰故墟

閔行詩存　卷二　二十五

《闵行诗存》书影

田园隐名士

“贫，气不改；达，志不改。”2021年3月14日晚，著名女歌手周笔畅在中央电视台《经典咏流传》舞台上演唱了一曲《山坡羊 · 道情》，深情歌颂古代文人志向高洁、不慕名利的高尚气节。

众所周知，元代文人宋方壶将安贫乐道的品格写在笔下，“一箪食，一瓢饮”的生活虽然简朴，却充满对理想生活的热望。

然而，人们未知，元代散曲《山坡羊 · 道情》描述的是700年前黄浦江畔的风情，作者宋方壶（又名宋子正）当年就隐居在莺窦湖畔（今吴泾地区）。

宋子正散曲欣赏：

山坡羊 · 道情

布袍粗袜，山间林下，功名二字皆勾罢。醉联麻，醒烹茶，竹风松月浑无价，绿绮纹楸时聚话。官，谁问他；民，谁问他！

青山相待，白云相爱，梦不到紫罗袍共黄金带。一茅斋，野花开，管甚谁家兴废谁家败，陋巷箪瓢亦乐哉！贫，气不改；达，志不改。

（白话译文：我爱青山，愿与它相伴；我爱白云，想让它相陪。做梦也梦不到穿上紫罗袍系了黄金带。只要有一间茅屋，四周围野花盛开，管他谁家兴旺，谁家衰败。过着穷日子，我也挺愉快。贫穷时，骨气不丢；富贵了，志气不改。）

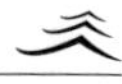

元代散曲家宋子正

清嘉庆《松江府志》卷七十八刊有贝琼(1314—1379,初名阙,字廷琚,号清江,元末明初诗人)《莺湖方壶记》,全文如下:

> 华亭之莺湖有大姓,为卫子正氏。即所居之西偏,辟室若干楹,方疏四启,昼夜长明,如洞天状。有石焉,崭然而献秀;有木焉,郁然而交荫。盖不特驭冷风度弱水,而坐致"方壶"之胜,因揭二字以名之,且介前进士澄江包君叔蕴来求余言为记。余惟方壶为三神山之一,在瀚海东北五万里外,实神仙之所宅也。始皇帝曾遣徐福往求不死药,至辄有风引飘而去,则有无不可知。而方士之说,往往托以惑世之人,若子正之居,地与人俱胜,岂非真方壶欤!而朝暮汩没风埃中以网利徼名者,乌知有此也!余虽未睹其仿佛,窃有会于心者焉。至正初,客钱塘,属国家承平无事,而池台苑泛囿甲于三吴,时与一二宾客往来湖山之间,此一方壶也。及来华亭也,海内兵变,西北州郡毒于侵暴屠烧,而编民之死十九,我幸安居暇食以谈礼乐于干戈之表,亦一方壶也。是非神仙之所得专矣。彼居方壶而不能有方壶之乐,至越海以求之,其愚亦甚矣。不择地而有其乐,则非方壶而"方壶"也,奚必清穆虚旷,拟王侯之官而后为方壶哉!今子正居莺湖之要,甲第连云,膏腴接壤,所欲既足而无求于外,日坐方壶中,或觞或奕,又非若余之所称而已。异日放舟湖上,一造方壶而息,则不为生客也。

据这篇《莺湖方壶记》记载,元至正(1341—1368)年初,宋子正客居浙江钱塘(今杭州市),来往于湖山之间。后因海内兵变,举家迁居到上海县莺窦湖,在湖西"辟室若干楹,方疏四启,昼夜长明,如洞天状。有石焉,崭然而献秀;有木焉,郁然而交荫",取名"方壶"。就此"甲第连云,膏腴接壤,所欲既足而无求于外,日坐方壶中,或觞或奕"。传说人间有座仙山名"方壶",而他"不择地而有其乐,则非方壶而'方壶'也"。为此,人们称其为“宋方壶”。

宋子正家产丰厚，生活富裕，在莺窦湖畔独享田野隐居之趣，无心功名，潜心创作散曲。他的《水仙子·隐者》描绘了当时的情景和心境：

青山绿水好从容，将富贵荣华撇过梦中。寻着个安乐窝胜神仙洞，繁华景不同，忒快活别是个家风。

饮数杯酒对千竿竹，烹七碗茶靠半亩松，都强如相府王宫。青山绿水暮云边，堪画堪描若辋川。闲歌闲酒闲诗卷，山林中且过遣，粗衣淡饭随缘。谁待望彭祖千年寿，也不恋邓通数贯钱，身外事赖了苍天。

如今幸存宋子正（即宋方壶）所作小令十三首、套曲五套。他的作品表达了对元代社会的不满，对官场的鄙弃、对奸党的恨恶、对下层妓女的同情，以及对大明王朝的拥护。明代朱权《太和正音谱》评曰：“其词势非笔舌可能拟，真词林之英杰也。”将其列于“词林英杰”150人之中。

宋子正散曲欣赏：

雁儿落过得胜令·闲居

功名梦不成，富贵心勾罢。青山绿水间，茅舍疏篱下。广种邵平瓜，细焙玉川茶，遍插渊明柳，多栽潘令花。清佳，寻方外清幽话；欢恰，与亲朋闲戏耍。

清江引·托咏

剔秃圞一轮天外月，拜了低低说：是必常团圆，休着些儿缺，愿天下有情底都似你者。

一半儿·别时容易见时难

别时容易见时难，玉减香消衣带宽。夜深绣户犹未拴，待他还，一半儿微开一半儿关。

红绣鞋·阅世

短命的偏逢薄幸，老成的偏遇真成，无情的休想遇多情。懵懂的怜瞌睡，鹘伶的惜惺惺，若要轻别人还自轻。

客况雨潇潇一帘风劲，昏惨惨半点灯明，地炉无火拨残星。薄设设衾剩铁，孤另另枕如冰，我却是怎支吾今夜冷？

水仙子·居庸关中秋对月

一天蟾影映婆娑，万古谁将此镜磨？年年到今宵不缺些儿个，广寒宫好快活，碧天遥难问姮娥。我独对清光坐，闲将白雪歌，月儿，你团圆我却如何？

叹世时人个个望高官，位至三公不若闲。老妻顽子无忧患，一家儿得自安，破柴门对绿水青山。沽村酒三杯醉，理瑶琴数曲弹，都回避了胆战心寒。

元代散曲家卫德辰

清嘉庆《松江府志》卷七十八记载：“方壶，郡人卫德辰便坐。”便坐，即别室，厢房。

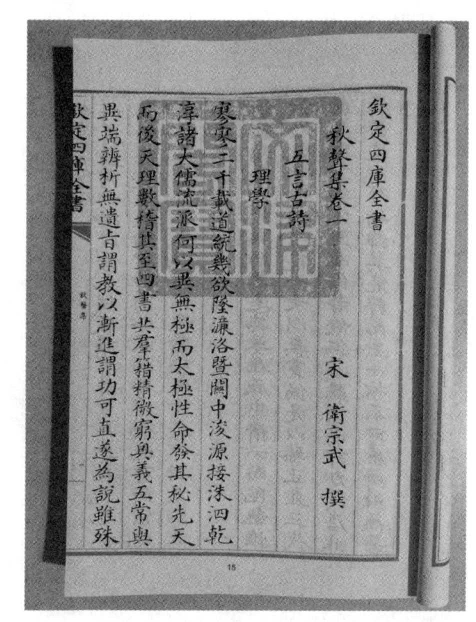
欽定四庫全書
秋聲集卷一
五言古詩　　宋　衛宗武　撰
理學
寥寥二千載道統幾欲墜濂洛暨關中浚源接洙泗乾
淳諸大儒末派何以異無極而太極性命發其秘先天
而後天理數椅其至四書共羣籍精微窮奥義五常與
異端辨析無遺旨謂教以漸進謂功可直遂為說雖殊
欽定四庫全書
秋聲集
15

卫宗武《秋声集》书影

卫德辰，字立中，先世是渤海郡（今河北省沧州市）人，迁居浙江钱塘（今杭州市），四世祖迁徙到华亭，后定居在莺窦湖畔。

祖父卫宗武（？—1289），字淇父，号九山。历官尚书郎，宋淳祐年间任常州太守。罢归后，隐居乡间30多年，以诗文自误，“文采风流，不失故家遗范，有自来矣”。著有《秋声集》六卷，诗文大多标榜气节道义，表现出眷念故国的情怀，被收入《景印文渊阁四库全书》。父亲卫谦，字有山，号山斋，创办九峰书院，著有《读易管见》三十卷。兄长卫德嘉（？—1354），字立礼。其子卫仁近，字叔刚，著有《敬聚斋稿》。

卫德辰隐居未仕，才能出众，擅交际，长音律，曾为西域人阿里西瑛在苏州建成“懒云窝”，作《殿前欢》二首（收入《太平乐府》）。又工书法，学唐代欧阳询，小楷临《化度寺邕禅师舍利塔铭》而闻名。明代朱权《太和正音谱》列其于“词林英杰”150人之中。

卫德辰散曲欣赏：

清平乐·题碧梧苍石图

紫箫音断，睡起乌纱岸。梦峡飞云空汗漫，又负一番秋雁。捻沙尚拟圆成，风流不减耆卿。怕听苍梧夜雨，等闲写入无声。

殿前欢

碧云深，碧云深处路难寻。数椽茅屋和云赁，云在松阴。挂云和八尺琴，卧苔石将云根枕，折梅蕊把云梢沁。云心无我，云我无心。

如今的樱桃河

明代进士蒋性中

耕读莺窦湖

莺窦湖畔有个蒋家老宅(今吴泾镇幸福村七组),自古闻名遐迩。当地有众多风物轶闻,均与蒋家老宅最初的主人相关。他就是明代名臣蒋性中。

蒋性中(1396—1482),字用和,号检庵。蒋氏先祖为三国时期蜀汉宰相蒋琬(字公琰),其后人迁入江西,宋元之际又流徙江苏宜兴地区。据清道光十八年(1838)蒋人湓等纂修的《南汇蒋氏族谱》记载,南宋末,始迁祖蒋庆从宜兴迁居松江府黄坟湾,二世祖蒋毅转徙到浦南十六保(清雍正年之前属上海县,后属南汇县,今属奉贤区)。明代初,四世祖蒋荣迁到黄浦江北岸二十一保莺窦湖淡溪(今淡水河)定居,"以耕植为事",繁衍子孙。

蒋荣(1365—1421)是蒋性中的父亲。《南汇蒋氏族谱》称:"际明兴而兵祸倥偬,不乐仕进。自浦南十六保,徙浦北二十一保,其湖邢窦,其县则上海。邢窦广不逾带,而引长流以灌两涯,田肥美,民稠密,公耕而乐之。"蒋氏家人靠辛勤垦荒,种粮致富。然而,明代初期朝廷猛力打压江南豪强富户,蒋家没能幸免。蒋荣未满20岁,眼见父亲要被流放到河南,只得代替父亲去服役。他历尽艰辛，数度寒暑，终获赦免回家。《南汇蒋氏族谱》录有蒋性中所撰《乞挽启》，说父亲被迫充当粮长，负责运粮到京师(今南京市)。正巧遇上皇室争权之战，“时兵兴路阻，同伴无不股栗，公毅请行，曰：趋役分也，祸福命也，可违分不顺命乎。虽履险，一以恩义得心。”

蒋性中生于明洪武二十九年(1396)。自幼端正恭谨，尽管家境时兴时衰，他仍坚持且耕且读，奋发向上。永乐十八年(1420)，24岁考中举人。第二年，他父亲积劳成疾，突然去世，卒年57岁。母亲吴氏靠纺纱织布，支撑儿子继续读书应试。

为官不忘本

宣德二年(1427)三月，蒋性中31岁赴京参加丁未科会试，殿试时获第三甲第十五名。

蒋性中荣登进士榜，朝廷按例拨款，要求在莺窦湖畔为其建立牌坊，以资表彰。蒋性中闻讯当即阻止，说：“莺窦湖水溢，民方病涉，与其荣我家，毋

尚义桥

宁以吾乡父老。”据何三畏《蒋少参检庵传》称：他主张“与其建坊以荣吾门，不若建桥以便吾里”。于是，乡人就用御赐蒋性中建坊的钱财，在莺窦湖畔建造了一座石拱桥，跨度十丈，宽八尺许，取名尚义桥，又名莺窦湖桥，俗称“环龙桥”，乡人还习称“蒋公桥”。

在京城，蒋性中出任兵科给事中（辅助皇帝处理兵机奏章，参与军事监察的职官），清廉耿介，曾如实上疏，弹劾专权的太监王振（字美旭）。他善于管理，曾清理出节阉寺锦衣卫中坐吃闲饭的人员，转为养马的骁勇。晚清上海乡绅秦荣光《上海县竹枝词》赞颂：

一代畸人蒋检庵，劾珰疏上罪拼担。
节阉寺养兵骁勇，侃侃谁将国计谈。

蒋性中为官十分低调。相传，一天他外出办完事乘船还城时，恰逢落潮，船难以前行，他便让两个仆人上岸拉纤，自己头戴斗笠坐在船尾以橹代舵。但他毕竟不是船夫，手脚忙乱，船还是摇摆不定。其他船上的人见到他狼狈不堪的模样，百般嘲笑羞辱。两个仆人不由厉声喝道：“撑船的是给事中蒋大人，你们休得蛮横无理！”蒋性中却大声笑道：“他们怎么会被你哄

《蒋性中建尚义桥》　徐有武绘

骗呢？这里没有蒋大人！”

京城勤织堂

明正统七年(1442)，蒋性中将母亲吴氏接到京城来养老，特意将官邸精心布置了一番。可是，吴氏却随身带来了纺车和织布机，说：“吾昔壮时勤于纺织，助汝父以兴其家。汝父弃遗，而汝孑立无厚资。吾纺织愈勤，朝而丝缕，暮而布帛，凡家用悉赖焉。今幸汝读书成立，而吾已七十八矣，不复能有为。汝宜记吾勤苦，以劝示子孙，吾志足矣。”蒋性中便将官邸厅堂改名为“勤织之堂”。为此，皇帝亲赐“勤织勤耕”匾额。好友纷纷赋诗赞美，其中刘溥(字原博，号草窗，太医，工诗，列“景泰十才子”之首)《勤织堂为云间蒋黄门用和赋》云：

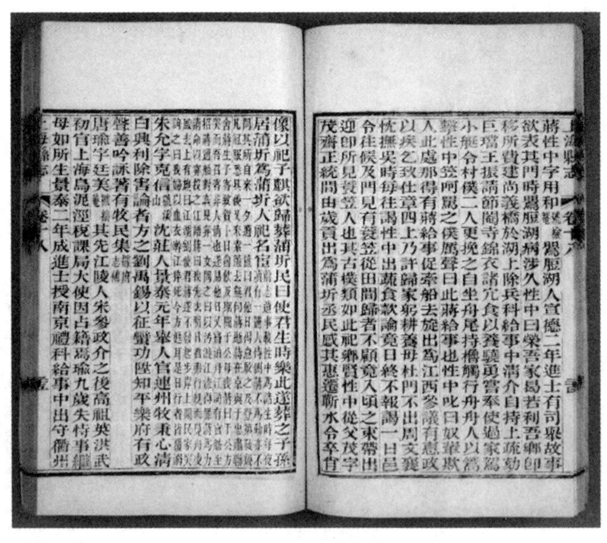

蔣性中字用和 [illegible] 鷺脰湖人宣德二年進士有司舉故事
欲表其門時鷺脰湖病涉久性中曰榮吾家曷若利吾鄉卽
移所費建尚義橋於湖上除兵科給事中清介自持上疏劾
巨璫王振請節閹寺錦衣諸冗食以養驍勇嘗奉使過家駕
小艇令村僕二人更挽之自坐舟尾持檣觸行舟舟人以爲
[illegible]性中笠阿罵之僕厲聲曰此蔣給事也性中叱曰奴輩欺
入此處那得有蔣給事促牽船去旋出爲江西參議有惠政
以疾乞致仕章四上乃許歸家躬耕養母杜門不出周文襄
忱撫吳時每往謁性中出蔬食款論竟日終不報謁一日邑
令往候及門見有簑笠從田間歸者不顧竟入頃之束帶出
迎卽所見簑笠人也其古樸類如此祀鄉賢性中從父茂字
茂齋正統間由歲貢出爲蒲圻丞民感其惠遷靳水令卒官

像以祀子騏欲歸葬蒲圻民曰使君生時樂此遂葬之子孫
居蒲圻爲蒲圻人祀名宦 [illegible]
朱允字克信 [illegible] 沈莊人景泰元年舉人官連州牧秉心清
白興利除害論者方之劉禹錫以征蠻功陞知平樂府有政
聲善吟詠著有牧民集 [illegible]
唐瑜字廷美 [illegible] 其先江陵人宋參政介之後高祖英洪武
初官上海烏泥涇稅課局大使因占籍焉瑜九歲失恃事繼
母如所生景泰二年成進士授南京禮科給事中出守衢州

《上海县志》书影

三代去已远，女职火复闲。
汲汲鲁敬姜，谆谆有遗言。
贤哉舍骄习，供事不少难。
惟此闺中勤，衣裳乃其端。

晨兴月在户，宵作霜露寒。
寒蛰烈烈啡，络纬吟灯前。
虚檐应伊轧，既断还复连。
寻尺累至文，乃复一匹宽。
四体固云劳，中怀郁以烦。
千载孟母心，于此实相关。
令子今登庸，赫赫黄门官。
筑堂表慈训，昕夕愉其颜。
昆山何岧蜣，泖水增波澜。
报封有恤典，拭目当盛观。

另有王直（字行俭，号抑庵）撰《勤织堂记》、陈循撰《勤织堂为给事中蒋性中母赋》。

正统十二年（1447），蒋性中母亲去世，享年83岁。

景泰二年（1451）一月，蒋性中升任江西省右参议。他提出减免税赋应当“均及一方，不能私一邑”，得到时人积极响应。

家事见美德

蒋性中与忠臣于谦（1398—1457，字廷益，号节庵，浙江钱塘人）结为好友，两家住处相邻。

正统十四年（1449）六月，明英宗不顾群臣劝阻，北征瓦剌，结果发生土木堡事变。北京城危急，于谦力排南迁之议，坚请固守，出任兵部尚书，率师22万，列阵北京九门外，破瓦剌之军。此时，蒋性中喜得贵子，设“满月酒”，借机邀请好友们前来赴宴，同庆北京保卫战胜利。他兴冲冲走进隔壁于谦家中相邀，却看见于谦正忙着筹办母亲的丧事，便急忙转身回了家，并下令立即撤销家宴，派人通知所有宾客改日再聚。他生怕自家的欢乐，会加剧于谦的伤心。如此君子之德，获得好友盛赞。

蒋性中为官40年，年过七旬还在任上。成化四年（1468），他因病告归，四次上书，才获准回乡。

神奇的传闻

蒋性中《墓碑》中有一段记载：“既而以病归，江风飓作，舟覆者众，独公会与神奕，获免。”这段记载虽然没有细述蒋性中遇见神明的情况，却十分引人入胜，由此文士们大做文章，隆庆年间何良俊的《四友斋丛说》、万历年间冯时可的《宝善编》、天启年间张师绎的《蒋参议公传》都有所描述，以至情节越说越神奇。其故事情节如何三畏晚年所辑《云间志略》记载：

蔣叅議公傳
蔣性中字用和別號檢菴先世常州之義興人也宋末徙華亭已
徙上海十六保之浦南已復徙浦北二十一保遂定居墨竇湖側
父榮國初時隱居食力不樂仕進公母吳安之勤於紡織相夫教
子鴻妻陶毋無慚色矣公生洪武丙子人日徇齊岐嶷幼從禮部
侍郎魏南齋遊永樂庚子以詩經鄉舉宣德丁未成進士移疾予
寧有司循古事公曰與表吾門曷若利吾鄉乎民之病涉也久夫
其閔閔焉與汨俱沒也吾心隱之又不敢重煩官府請繕錢為利
濟計即斥所餘金建石梁往來稱便還

张师绎《蒋参议公传》

某日，蒋性中乘船出差在外，傍晚时停泊江畔。正巧，旁边有一艘官船同泊，船上官长邀请他过去下棋解闷。蒋性中欣然前往，两人玩了几盘棋，不甚胜，亦不甚负，正要告别时，突然看见船头有个铁笼子，里面竟然关押着一个年轻女子，不由询问：“此女犯了何罪？”官长解释说：“这个女人胆敢在江中洗刷马桶，污溅江流，因此被我抓来囚禁在此。”蒋性中于心不忍，即为那女子说情，希望官长宽恕她。官长即下令将铁笼投入江中，算是已释放那女人了。蒋性中眼看那女子沉入江中，心头愤然，扭身走了。正当他准备开船告辞时，那官长却抛过来一句话：“等一会儿，必将有大风大浪扑来，今日你就不要再开船渡河了吧。”说罢，官长起锚扬长而去，只见其船头缓缓扬起一面旗帜。蒋性中定神仔细一看，旗帜上写的竟然是“江湖金七总管神”。于是，蒋性中未曾起锚开船，避开了一场大风波。为了

解闷，他登岸散步，却突然听到居民家中传有哭声。他急忙前去询问，那户人家说："我家媳妇以血衣洗浣江滨，猝然暴病气断。"蒋性中慌忙解救，那女子方才苏醒过来。她在昏迷之中，一再叮嘱家人说："小女子全靠蒋大人解救啊！"而蒋性中闻之，不由愕然，难道真的遇见神明了？事后，他经常说起此番奇遇，以至广为流传。

这个传闻不可能是真实史事，重要的是表现了蒋性中完美的士人形象，及其尚义、仁恕的人格魅力。虽然有所增饰虚构，甚或加以神化，但是契合了民间理想中权威人物的认同准则，因此被乡人历代传颂。

返乡"乐耕公"

蒋性中的私邸，乡人称"蒋家老宅"。他告老返乡时，带回"勤织勤耕"匾额，重建四进式新宅院，正厅为"勤织堂"，以示传承母亲美德，并建"乐耕堂"自住。因此，人们称他为"乐耕公"。秦荣光《上海县竹枝词》赞颂称："堂开勤织举慈亲，富贵难忘昔苦辛。""乐耕勤织堂题榜，恪守家风百世宜。"闵行诗人黄家锟《勤织堂》赞云："机杼真教孟母同，相夫翼子溯闺中。数团经纬棉纱白，半夜勤劳篝火红。名显诗书光奕奕，家承祖父日隆隆。莺湖遗苑千秋在，要示儿孙克俭风。"

蒋性中保持着简朴和慈善的生活习惯。一天，上海县知县赶来拜访蒋性中，见蒋府大门紧闭，忙差人寻找。转眼，从田头匆匆赶来一位穿蓑戴笠的老者，开门入内即将门关紧了。知县不由发呆，待等大门重开，主人束带整齐，笑脸出迎，他方才大悟，刚才蓑笠者即是蒋老。见蒋性中如此简朴乐耕，知县不禁肃然起敬。

又一日，江苏巡抚周忱（1380—1453，字恂如）前来拜访，蒋性中设宴招待，可席间只摆出两道主菜。周忱一尝，只觉风味独特，忙问菜名。蒋老笑答："金花菜与鹦哥嘴也。"巡抚为此兴致勃勃，边吃边聊，竟长谈而忘归。后来，周忱派人向蒋府仆人咨询，方知那只是用当地普普通通的盘歧头与蟛蜞螯烧成的菜。

蒋性中与乡民情同手足，不论其富贫贵贱，均以乡情为重。他邀集当地八位高年有行谊者，每逢月初来家中作画赋诗，共饮同欢，人称“莺湖九老会”。据记载，其中郭竹深77岁、何守愚69岁、王惟静78岁、唐古庵71岁、陆耕云74岁、沈孟温70岁、李安耕72岁、郭悦桂68岁。历代文人赋诗赞颂之，后人一再仿效，以致莺窦湖畔的敬老风俗流传至今。

据1993年《上海县志》记载，1949年时，蒋氏“勤织堂”宅院尚有房屋29间，占地1 440平方米。自1978年起，后人在旧址翻建楼房，老屋风貌消失。

分枝散叶

明成化十八年(1482)，蒋性中在家逝世，享年87岁。相传，他终生有6个儿子、24个孙子、14个曾孙、5个玄孙。晚年五代同堂，全家有百余人。

蒋性中现存传记有李清《明故朝列大夫江西布政司右参议晋阶中宪大夫蒋公墓碑》、张师绎《蒋参议公传》、冯时可《参议公传》、蒋柱《蒋氏世传》、何三畏《蒋少参检庵公传》等，均收入《南汇蒋氏族谱》中。

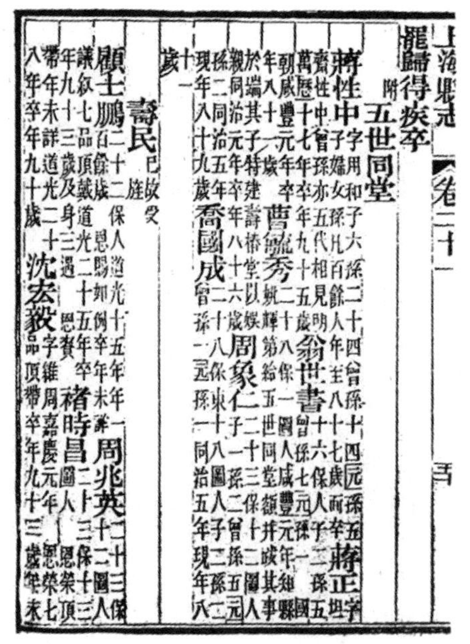

上海縣志 卷二十一

麗歸得疾卒

附 五世同堂

蔣性中 ……

壽民 ……

顧士鵬 ……

《上海县志》书影

明末，蒋公后人在老宅东南建造蒋氏宗祠，坐北朝南，前后三进，最北三间为正厅，两边侧厅供奉前辈族人牌位(1958年办大食堂时，所有牌位做了柴火，乡人称共有1 000多个)，整个建筑占地约2 667平方米。

清初，蒋氏宗祠遭遇兵灾被毁。乾隆六年(1741)，蒋映日等重建。乾隆二十年(1755)，添建门厅和厢房11间。道光二十三年(1843)，又建后院。据《幸福村志》记载，祠堂正南门进口处曾立有乾隆三十八

年（1773）大小两通碑石（1958年被人移作界沿石，近年动迁前被人收购，下落不明）。

蒋氏家族枝繁叶茂，子孙们纷纷分户迁居，从“蒋家老宅”向外扩散，形成“花园里”“天字号”“南木桥”等新宅，以致在塘湾镇、北桥镇等地区蒋氏后裔众多，繁衍至今。

有一支蒋公后裔迁居到今友爱村三组的地界内，在秦家港河畔建造了三进绞圈式宅院。因其子弟出挑为官，宅院大门口设有两只张口吞球的石狮，宅前竖有两根高大挺拔的旗杆，成为当地地标，乡人称这蒋氏宅院为“蒋家旗杆”。蒋家老宅的“乐耕勤织”金匾被移到这里的东房厅内悬挂（相传由董其昌题写，毁于“文化大革命”期间）。据《友爱村志》记载，部分建筑保存到20世纪80年代。

自有后来人

蒋公后裔大多安逸于田园生活，一心守望乡土，极少有人外出投奔仕途。

明正统年间，蒋性中的叔父蒋茂，字茂斋，由岁贡生出任湖北省蒲圻（今赤壁市）县丞，百姓深感其惠。调任蕲水（今湖北浠水）县令，因病逝于任上。其子蒋麟欲送父归葬故乡，蒲圻百姓恳求挽留：“使君生时乐此。”于是，蒋麟将父亲安葬在蒲圻，并率子孙成了蒲圻人。

成化年间，这里有蒋坚，字宗实，增贡生，任福建沙县知县。

嘉靖年间，蒋继祯，字世瑞，号思闲，出任广东东莞县盐吏大使；蒋传道，字汝行，号婴宾，出任威海卫经历（职掌出纳文书）；蒋永澄，字定川，增贡生，任大名府清丰县县丞；蒋云，字从龙，嘉靖七年（1528）中举人，历任山东蒲台县、江西会昌县县丞。享年81岁。

清代南汇县蒋人珏等纂修《蒋氏族谱》。道光十八年（1838）稿本今存上海图书馆。谱存传记、墓志铭、行状等，其中有蒋性中《乞挽启》，沈粲《故蒋处士行状》《蒋参议性中墓志》等。

另有记载，明万历年间莺窦湖东岸蒋柱（字叔承），为上海县学庠生，曾纂修《蒋氏族谱》。清乾隆年间，蒋堉（字郢高，别号岂匏，京城国子监生员）曾纂修《蒋氏宗谱》。可惜均已流失。蒋堉还撰有《咏莺湖十景》诗，企望家乡重振蒋公风范。

道光、咸丰年间，这里有一位女诗人蒋淑英（1830—1864，字绣余），为蒋性中十三世孙女。她嫁给竹冈黄氏十八世孙黄兆勋（1823—1867，字寅伯，号杏园）为妻，居闵行老镇文蔚堂。侍候翁姑极诚敬，家务之余不废文史，诗词婉约，书法娟秀，著有《绣余漫草诗稿》，可惜35岁即因病去世。

清晚期，这里的蒋庆和（1838—1916），字静园，性慷爽，有胆识，谈吐风生，好为人排难解纷，凡钱债纠葛、土地争执之事，经其劝导，大多握手言和。光绪十六年（1890），疏浚横沥（闵行镇至春申塘段）和母子泾时，与顾言（1843—1914，字丹泉）、李祖锡、夏其钊等往返任事，依限竣工。历浚淡水河、千步泾，寒暑奔走，口不言劳。见闵行老街跨横沥的启秀桥年久失修，就募集资金更以洋檀木，并护以铁栏，行人称便。光绪三十一年（1905），创办莺湖小学堂。民国五年（1916）去世，享年78岁。

光绪年间，这里的“湖滨名人”还有蒋忠仁（字心香），上海县学庠生，博通经史，文章宽宏儒雅，师从进士顾莲（字香远，号复斋）；蒋承诩（字淡香），恩贡生，生平文行相似，晚年课徒自给以终。

高风千古传

随着岁月流逝，莺窦湖“沧海成桑田”。

由于蒋性中事迹深入人心，历代留下不少纪念尚义桥的诗文。同治《上海县志》记载：尚义桥于明万历二十六年（1598），由蒋公裔孙蒋光绅募修。清道光二十四年（1844）由裔孙蒋椿重修。民国时一度改称“永宁桥”。“尚义落虹”成为地方一景，历500年沧桑，至今幸存，古风未失。为此，人们赞叹其“偏移坊费将桥建，尚义高风世所无”。

2002年，华东师范大学启动闵行校区规划建设，尚义桥及周边地区被划

入其间。2003 年 12 月 3 日，闵行区政府将尚义桥列为文物保护单位，并于 2004 年进行全面修缮，补筑了青石栏杆。

尚义桥顶心石刻

2006 年，华东师范大学主体搬迁到闵行校区后，尚义桥周边环境进一步优化，成为校园西南角的一大景观。如今的尚义桥，桥面为花岗石质，桥身为青石质，单孔拱桥，东西向跨樱桃河（已断流）。顶心石刻有灵芝漩涡纹浮雕，两侧桥额均刻阳文楷书桥名。

尚义桥今貌

莺窦湖何氏家族

墓葬的发现

1965 年 9 月，在莺湖大队五队（今英武村，墓志称“姚溪之左”）发现 8 座明代墓葬。

经挖掘，出土《明故江西饶州府通判何西野墓志》石二方，何文瑞及妻朱孺人石墓志各一合，以及一批随葬物。

《明故江西饶州府通判何西野墓志》石二方，正方形，边长 0. 52 米，厚 0. 12 米。云南提刑按察司按察使、邑人沈恩撰文，立于正德十二年。

《明故鸿胪序班东湖何文瑞墓志铭》，承宣布政使司政、郡人沈恺撰文，立于嘉靖三十一年，今存闵行区博物馆。

何氏家族原籍大梁（今河南省开封市），十六世祖十三将，南宋时跟随宋室南渡，定居松江府，迁至上海县“莺窦湖之左”。

明洪武年间，何梅轩在南黄浦北岸（今虹梅南路隧道口）开设摆渡口，对岸为浦南的白庙港口，人称“何家渡”。这里江面较窄，只需“三篙子十八橹”即可过江。

何谭就

据《明故江西饶州府通判何西野墓志》记载：何谭就(1435—1513)，字仲玉，号西野。生于宣德十年(1435)六月二十八日。高祖父何豫□，曾祖父素庵，祖父何□达，号梅轩。父亲何柳庄(生子五，何壁、何瑞、何佩、何璜、何谭就)。

何谭就自幼习《诗经》，补县学庠生，可惜八次赴试场皆不第，乃应贡于有司。弘治十年(1497)，授承德郎(正六品)，出任江西饶州府通判。一年后，巡抚林中丞公旌将贤能，预其列镇守。弘治十八年(1505)冬，谢老归乡。

何谭就返乡后，教子若孙，耕读之余，对花歌咏自娱。他乐于行善，见族中孤寡窘厄者，分田以耕，月给薪米以供养。他有个妹妹嫁给陆埙，不料业废殆尽，敝庐不蔽风雨。他冒雨赶去探视，遂命匠人前来修理。邻舍子事涉人命，即前往调解。公平处之，彼此感甚，酬以白金，而他誓不受偿。凡见乡邻贫病者，代为请药；死无财者，施衣棺安葬。

何谭就初娶南梁宦族徐氏，后暴病身亡。继娶陈氏，亦不幸早逝。又娶鲍氏，生长子何链(鲁王府引礼舍人，娶朱氏)，次子何锷(府阴阳学正术，娶唐氏，继娶沈氏)。生女儿 6 个，分别嫁给宋穗、陈谟、吴偰、李果、王龙、陆鯢。孙儿何应祥(太学生)、何应福(庠生)、何应龙、何应凤。生孙女 6 个。

正德八年(1513)五月二日，何谭就去世，享年 78 岁。正德十二年(1517)三月九日，葬于姚溪之左。

何文瑞

《明故鸿胪序班东湖何文瑞墓志铭》记载：何文瑞(1481—1551)，以字行，号东湖。高祖父何梅轩。父亲何钦，号南浦，母亲张氏。生于成化十七年(1481)，8 岁丧母。补博士弟子员，绰有时誉，后以例入国子监为太学生。

嘉靖年间，何文瑞步入朝廷，因其身材伟貌，声如洪钟，奉命出任鸿胪寺(掌管朝会、筵席、祭祀赞相礼仪)序班(掌百官班次)，引得百官瞩目。

《明故鸿胪序班东湖何文瑞墓志铭》

其长子何□,次子何一鹏,均为太学生。女儿嫁张朝珪。孙儿三,孙女一。

嘉靖三十年(1551),何文瑞去世,享年70岁。嘉靖三十一年(1552)十二月,就地墓葬。

出土随葬物

何氏墓葬中出土的青花瓷人物缠枝莲盒、青花瓷花瓶、青花瓷锭形套盒、木束发冠等随葬品都十分精美,应是当年宫中赏赐之物。

青花瓷人物缠枝莲盒

青花瓷花瓶

青花瓷锭形套盒

木束发冠

农家织布

吴泾镇地区，距元末棉纺织业革新家黄道婆的故土乌泥泾不远，当年黄道婆向乡民传授在崖州学到的整套棉纺织技术，传授制作捍、弹、纺、织机具的技艺，本地农村家家机杼，享其利达600余年。因此，这里自古以棉花种植为本地农业生产的重头戏，手工棉纺织业是乡人谋生的主要副业，纺纱织布技艺得以广泛流传，影响了明清时期的本地民俗。

勤织之风

明正统七年（1442），蒋性中将78岁的母亲吴氏接到京城来养老，而吴氏随身带来了纺车和织布机。蒋性中便将官邸厅堂改名为“勤织之堂”。为此，皇帝亲赐“勤织勤耕”匾额。蒋性中告老返乡时，带回“勤织勤耕”匾额，重建四进式新宅院，正厅为“勤织堂”，以示传承母亲美德，并建“乐耕堂”自住。

吴泾镇英武村六道浜的“耕织堂”享有盛名，为明万历年间本地名士何应科（字文选，号古直）故居，因其有志号召男耕女织而取名，并特邀书画大师董其昌题写匾额。“耕织堂”为四进绞圈式宅院，规模出众，时称“松江府东第一堂”。何应科慷慨有胆略，眼见松江府地区赋税重而民生苦，斗胆上书官府请求废除无名之举。因切中事理,被执政者吸纳并给予嘉奖。清乾隆年间,蒋性中八世孙何委重建“耕织堂”。

明代白布

自古以来,乡人“比户织作,昼夜不辍,乡镇皆为之。暮成匹布,晨易钱米,以资日用”。农家专供出售而生产的主要是“稀布”,俗称“卖头布”。质地精软的白布经专业染坊用靛青(俗称“青秧”)染色,色彩鲜明,经久不褪。

1965年9月,在莺湖大队五队(今英武村)发现8座明代墓葬。经挖掘,墓中出土明代白布共20叠,布长短、宽窄不一。最厚的一叠长10.24米,门幅宽分别为0.44、0.45、0.49、0.53米。其中2叠为白条纹本色细条,1叠门幅宽0.53米,长2.5米。值得注意的是在每一叠布的一角或两端的2个角上有黑色戳记,戳记的形制完全相同。

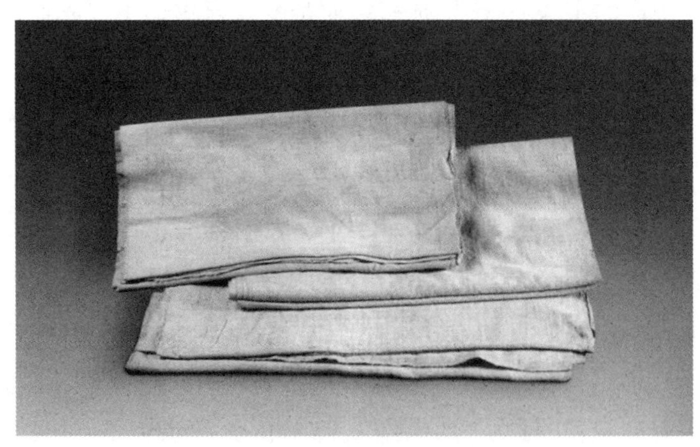

1965年9月,在明墓中出土的棉布

织布歌谣

清代乡儒王蔼如撰有《织布女》和《卖布叹》等诗作,生动地描述了本地

妇女勤劳织布的场景和出售时的艰辛。

织布女，首如飞蓬面如土。
轧轧千声梭若飞，手快心悲泪如雨。
农忙佐夫力田际，农暇机中织作苦。
贫家习苦自忘疲，积得余资期小补。
谁知秋获半输官，一半犹亏功本数。
算来私债布支当，布尽凭何谋二鬴。
雪白绵柔好女功，来朝知属何人主。
停梭问天发浩叹，空际悲风自旋舞。

织成布匹夜将半，持易米盐供午爨。
抱布前行天未明，空腹挤排背流汗。
缕密丝光绝点瑕，才得青蚨逞心算。
稍有差池买无主，待哺嗷嗷愁日旰。
或时卖得不经意，恶少挪钱远奔窜。
小民生理信艰危，卖布犹虞动蒙难。
君不见东家无布成坐愁，有布可卖请勿忧。

本地盛产芦纹布

清代以来，本地区盛产芦纹布，俗称“芦席布”“雪青布”，颜色清淡，通常以蓝白纱为主，质地厚重，紧密耐穿。

和平村北平几个村宅为“竹器村”，擅长篾席、篮等竹器制作。故爱用芦席纹。

芦纹布之一

民国初年,当地织布上市的人家占总户数的60%。1918年《上海县续志》记载:“芦纹布出塘湾、闵行左近各乡村。经纬均蓝白纱间格,织成芦扉形。每匹阔一尺三寸五分至一尺五寸,长一丈九尺至二丈一尺五寸。每年约出四五万匹,销苏、杭、徽州等处,五六年前本埠亦通行,近年已逐渐减少矣。”1936年《民国上海县志》记载:雪青布“亦出塘湾、闵行附近各乡村,蓝经白纬,丈尺同芦纹,每年约出四五万匹,销路以本埠为大宗,亦销苏属各乡”。

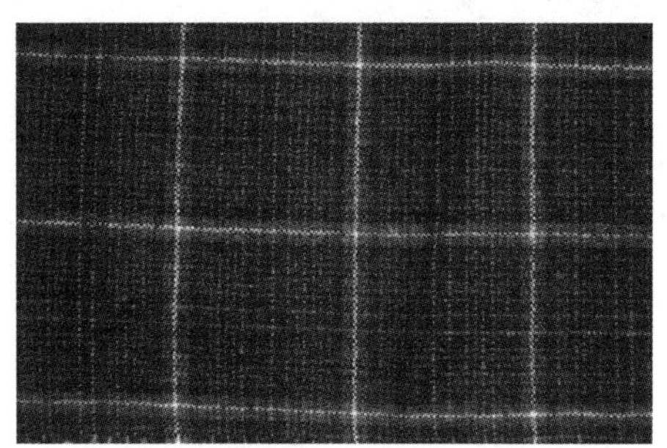

芦纹布之二

芦纹布之三

20世纪50年代初,当地尚有织布机580台。直至70年代,当地还有农户从事土布纺织。

织布高手李连生

李连生(1898—1944),高家厍(今共和村)人。身材瘦小,活泼伶俐,乡里逢会做社,均由其反串女角,因此人称“小姑娘”。从小喜爱女工和纺织,为谋生刻苦钻研织布技能,以至熟能生巧,每天可织出两匹布,而且质量优于常人,上市出售或布商收购时可以免检,价格从优。1944年,因病无力救治而亡,终年48岁。

地名见“绿色”

自古以来,本地乡人注重种植名木、果树,美化家园,以至不少村宅的地名令人叫绝。

明嘉靖年间,今和平村西部,富绅朱伯部有田数万亩,自建花园式宅院,植以奇花珍卉,人称“花园里”。周边种菜区域人称“园田上”,安放农具处人称“田肚里”,烧制砖瓦地人称“窑田上”。

幸福村十组也有“花园里”,实为蒋氏坟园,因墓地广植花木并建有“静香园”住宅而闻名。

乐道村东南部的陆家塘,清咸丰年间形成,村内多榆树、枣树,人称“兴树里”。“兴”字土语为茂盛之意,这个称呼表明这里是一个树木特别茂盛的地方。

英武村北部有个村宅名“兴竹园”。清中叶形成,宅后沿枯树港有大竹园,历代不衰。

幸福村十组有个村宅名“生梨树头”。清初,蒋家老宅蒋姓后裔分房迁于此,宅后植有一棵三四米高的生梨树,每年结果累累,名扬四乡,遂成地名。宅前有“草秧河宅”,宅后有“花园里”,皆统称其间。

共和村八组有张家塘、陈家塘、杨家塘三个宅基,而地名为“白果树头”。

白果树即银杏树，此树高约16.7米，远近闻名。

友爱村有“皂荚树头”。

地名有故事

友爱村西南部有个村宅人称“蒋家旗杆”，又名“旗杆头”。这是蒋性中后裔迁居地的代表性村落，宅前竖有两根旗杆，以示族人为官。

龙头宅，位于和平村东北部清华浜河南。明末清初形成，聚落沿清华浜呈“一字形”排列，似长龙横卧。村东有十多亩田地地势高亢，酷似龙首，故名。

库上村，位于乐道村西南部长港边。明末清初，在此设黄浦江漕运粮库，人称“库上”。

英武村东北部有个村宅人称“八角里”或“八阁里”。相传，早年村宅北面有方田地呈八角形状，“田本四只角”，说有“八角”实是趣说，但乡人津津乐道。日长时久，这“八角里”遂成地名。

长港塘桥（英武村与乐道村界河）

英武村西南部有个村宅人称“车角里”。只因宅上曾有人家设油车坊，自称“油车角”，乡人便称这里为“车角里”。

本地区有两个“九房宅”。幸福村八组有“西九房”，为七开间绞圈房宅院，由蒋氏家族某代第九房子孙所建。其南面有“八房宅”。星火村四组有“东九房”，以张姓为主，故又称“张九房”。

明代墓葬

1965年9月,在塘湾乡莺湖大队五队(今英武村,墓志称"姚溪之左")发现8座明代墓葬,南北向,呈扇形排列。墓前原排列有石马、石羊等石像生,乡人习称"白坟头"。其中一座石马今存莘庄公园。出土《明故江西饶州府通判何西野墓志》石二方,何文瑞及妻朱孺人石墓志各一合,以及一批随葬物。

明代石马

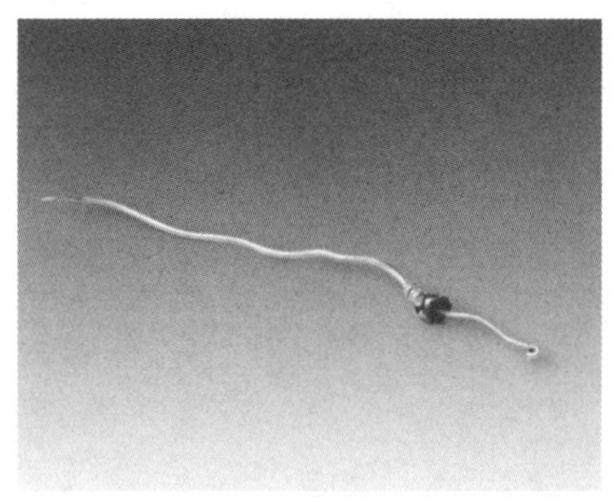
金簪

1987年3月25日,在吴泾热电厂工地发现明代墓葬群6个穴位,清理出土金发簪、银挖耳、铜针各1只,铜钮2只,由上海博物馆收藏。其他一些

头饰,今存闵行区博物馆。

银童子戒指

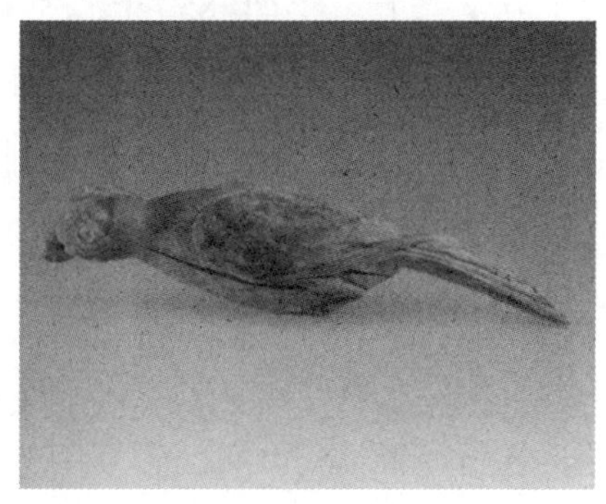
木鸟

《处士陆溪云夫妇合葬墓志铭》

20世纪50年代,在明墓中出土了明正德元年(1506)《处士陆溪云夫妇合葬墓志铭》。出土墓志石二方,曾存塘湾乡新建村蒋根生家,今存闵行区博物馆。

《处士陆溪云墓志铭》拓片

陆溪云(1427—1485),名瑜,字廷美,号溪云,生于明宣德二年(1427),殁于成化二十一年(1485)十二月初一,终年58岁。其妻殁于弘治十八年(1505)八月十二日,终年70岁。正德元年(1506)正月初二,其子陆铨将父母合葬,请成化年进士、浙江海道副使曹时中(1432—1521,初名节,以字行,号定庵、宜晚,华亭人)撰铭。

据墓志铭文记载,陆溪云从小为人真诚,幼年髫辫时无谑言,与诸堂兄弟友善相处。有才不仕,甘为处士,勤俭自持,耕读为乐。知书明理,见有贫乏不能婚葬者,悉为给之,在乡间具有名望。

高祖父陆仲源,曾祖父陆华。陆溪云生子三女一,皆以耕织持家,乐享小康。

钱形石器"压胜"

花岗岩钱形石器

2001年11月9日,电力公司在北平村(今属和平村)果园(原油车坊遗址)施工时,在距地表2米处挖出两枚花岗岩钱形石器。

钱形石器直径1.8米,厚0.3米(中间厚边缘薄),整体光滑,正面刻有楷体"日进斗金"四字,中有方孔、内廓,外圈饰有缠枝纹,是当地油车坊碾压黄豆所用的"碾盘"。

此物出土后,有日本商人想用4万元人民币收购,但被当地居民当场拒绝。石器已由上海历史博物馆收藏,专家认为此物属巨型"压胜钱"。

第三章

塘湾街记忆

塘湾小学师生合影

塘灣小學新建大禮堂記

教育爲立國之本小學乃育才之基我塘灣小學校向
以校舍寬敞校具充實聞自遭敵僞蹂躪殆不堪聚徒
設教民國三十六年春會任利人內前校長徐在尚禮
是請蘇筒救濟分署撥助物資從中修葺徐前校長乃
給具關說邀地方士紳及校友等組織修建委員會着
手修葺暨會議決定先修校舍籌建禮堂由時公推余
與康君濟民爲主任委員分設籌募工務文書會計四
組於提揚君購初李君信君由君春圃十君文加分組
担任但救濟物資爲數有限以之修理校舍尚嫌短絀
追論建築禮堂不得已乃募款益之詎料幣值低落工
料飛漲指款進進一時難期實見乃與李君伯君礎商
將募到現款隨時購辦建築材料始於三十七年二月
奠基六月落成中間因磚料缺乏工程幾將停斷校長
丁君學架不辭辛勞督同師生撤拾還磚應用斯堂之
成可謂艱苦萬分矣堂佔地二千方尺有奇東西六十
一尺南北三十二尺高四十尺東設講演台西架小樓
證篋昔旁建兒童閣書室兩楹另架花棚接通舊會堂
南爲遊息場堂北爲落圖於是校長丁君詔余曰諸君
子再造吾校崢嶸璀璨設備俯完不可無記以垂後嗚
呼余參與斯校創建於今四次矣中間委曲艱勞詳見
鄉先賢陰硯畦先生立校三十週紀念碑茲不復贅惟
當此社會不靖農商交困之秋斯堂幸得落成不得不
歸功於作會同志築籌築力奔走呼號各界人士之能
解慨援而李君喬梓購料督工自賠川費張君鳳二募
款最鉅更爲難能可貴余等不過坐享其成而已凡百
舉業創議非難成功爲難成功而能保守爲尤難須視
公如私方克有濟斯堂日後愛護之責其有賴於灣塘
校之師若生也不待贅矣今將建築收支勒之石而盤
之驕健一以謝熱心君子樂助之忱一以明經費出入
絲毫之憾余愧不文略誌其梗概云爾是爲記
中華民國三十七年六月里人彭孔棠撰。

塘湾小学新建大礼堂记

塘湾街市变迁

塘湾老镇，俗称“塘湾街”，位于樱桃河、俞塘河合流处西岸，因地处俞塘河道转弯处而得名，兴于清嘉庆年间。

老镇进出交通主要依靠俞塘河水路，1938 年始有公路通往北桥镇。因交通不便，街市的经贸活动以本地需求为主。

1913 年，在塘湾镇中心街东面创办初级小学堂。1930 年，镇上设立上海县第二区区公所和塘湾警察分驻所。1931 年 7 月，在前进街东面建造塘湾民众教育馆。

抗日战争以前，老镇以中心街为镇中心，中心街与前进街、振南街、三新街形成“工”字形，初具规模。1937 年，镇上有南北什货店、粮米行、棉花行、茶馆、饭店共六七十家。规模较大的有“东永泰什货店”“北永泰什货店”“李公茂花米行”“裕丰花米行”“久记花米行”“盛德堂国西药店”“久和堂国药店”“新安泰染坊”“沈永顺豆腐店”“华兴花厂门市部”“塘湾消费合作社”等。

1939 年 6 月 15 日上午，日伪军闯入塘湾老镇，疯狂地用硫磺弹将振南街、中心街 120 余间店面房屋焚毁，全镇过半建筑遭殃，当地百姓损失惨重。

抗日战争胜利后，经艰难复兴，老镇重新恢复元气。

塘湾街风情图

1947 年时，镇上有 10 余个行业，约 90 家商店。1949 年，有商店 65 家，从业人员 131 人，其中烟什店 10 家、南北什货店 6 家、鲜咸鱼店 6 家、豆腐店 6 家、茶馆 5 家。镇上有轧花厂 7 家、榨油坊 3 家、碾米厂 1 家。

1952 年，俞塘河裁弯取直，借道潘家浜，直通黄浦江。街市建设随之发生变化。

1955 年，塘湾镇上有商店 54 家。1956 年，实行公私合营改造，商店均为集体所有，组成 10 个合作商店和小组，从业人员 81 人。

老街今貌

20 世纪 70 年代起,街面渐次拓宽,中心街东移,与南街取直,自南而北建新北街,与原中心街东埭形成新对面街。

1984 年,镇上有集体商店 12 家,个体商贩 24 家。

随着吴泾工业区的发展,塘湾街市失去优势,日趋衰落。

钱家塘变迁

明末清初，有一户钱姓行医人家从松江来到黄浦江西岸车沟渡口附近购田定居，堂号为“致和堂”。他们是吴越国太祖武肃王钱镠的后裔。致和堂子孙有的行医，有的务农，渐成村落，称北钱家塘。随着人丁日益兴旺，后代在北钱家塘东面再建新宅，分户而居，自称“东阁”，将老宅称为“西阁”。后来，东阁人称“东钱家塘”，西阁人称“西钱家塘”。

这里地处黄浦江西岸车沟渡之西、黄浦江支流六磊塘之南，时属上海县十八保二十七图。虽然地处乡野僻壤，但乡人乐耕勤织，农耕生活颇为安逸。因南面靠近塘湾乡，钱氏族人大多在塘湾镇上置业，故习惯自称塘湾人。而这里的行政区划，随着时代的发展一再变更。20 世纪 50 年代，这里地属上海县曹行公社永新大队，西钱家塘为第四生产队，东钱家塘为第五生产队。1980 年春，改称曹行乡双溪村。1983 年 11 月，东钱家塘地块划归吴泾工业区，村民持城镇户口。1992 年，上海县与闵行区合并为新的闵行区。2000 年，曹行镇与梅陇镇合并为新的梅陇镇。因此，这里今属梅陇镇双溪村。

钱氏家族在此安居乐业，繁衍子孙。清乾隆年间，族中有钱禹珍脱颖而

出,为国学生,未走仕途而热衷从医,而且三代相传,均以妇科知名。由此,钱氏成为本地望族。

钱氏家族成员众多,人才辈出,尽管这里的区划多变,但他们无论分流到哪里,都牢记祖辈恩情,认定自己是塘湾人。

钱端升

塘湾钱氏家族中,名声最大的是钱端升,堪称中国现代政治学奠基人。

钱端升(1900—1990),字寿朋,笔名德谟。1900年1月21日生。自幼勤奋好学,颇具才气,1913年起考入江苏省立三中(松江中学),以优异成绩于1916年秋被送入上海南洋中学,次年又被送入中国最高学府清华学堂。19岁时,获得官费留学资格,被送入美国北达科他州立大学,不久入哈佛大学研究院深造,24岁获哲学博士学位。由于提前半年完成学业,校长建议他利用剩余的费用和时间去欧洲游历,让他有机会到英国、法国、德国等地进修和游历。

钱端升塑像

1924年钱端升归国后,即在北京大学、清华大学任政治学、宪法学讲师。1927年,转至南京中央大学任教,在《现代评论》杂志连续发表论述。1930年,回清华大学任教,并在北京大学兼课。任天津《益世报》主笔的数月间,发表170多篇针砭时弊的文章。抗日战争爆发后,参与筹建西南联大法学院。

1937至1949年,钱端升先后4次应邀赴美国参加学术会议和讲学。

1947年应哈佛大学的邀请,他作为客座教授在哈佛讲学期间,用英文写出了巨著《中国的政府与政治》。1948年,他放弃哥伦比亚大学待遇优厚的邀请,毅然返回祖国。

新中国成立后,钱端升历任北京大学法学院院长、北京政法学院院长、外交学会副会长、对外友协副会长、世界和平理事会理事、外交部顾问。1954年,被聘为全国人大宪法起草委员会顾问,参加新中国第一部宪法的起草。1957年,被错划为右派,但始终得到周恩来总理的关怀。1974年,经周总理力荐,他出任外交部国际问题研究所顾问及法律顾问。1978年,他的一只眼睛因患静脉血栓几乎失明,1979年,又患结肠癌。政治上平反后,于1981年应聘任外交学院教授。同年,加入中国共产党。1985年,当选为中国法学会名誉会长。1990年1月21日,在北京病逝。著有《中国政府与政治》(英文版)、《战后世界之改造》、《政治与政治学》等。

祖上名医世家

钱家塘钱氏祖上世代从医,均以妇科知名。

民国《上海县续志》记载:

> 钱若金,号静斋,庠生,塘湾人。世业医,乾、嘉间国学生,禹珍、苍璧、鹤山三世相继以妇人科知名,投剂立验。若金,鹤山犹子也。得其传,尝言:良医比良相,业此以活人也。计较酬资厚薄,隘矣。性好善,贫病助以药资。道光时,举办本乡恒裕堂,施棺掩埋,殚竭心力,并周给亲族之无力者。

钱若金(1805—1875)的曾祖父钱鸿岩,英年早逝。祖父钱苍璧和伯父钱鹤山均为名医,十分关照钱若金,苦心将他培养成了名医。道光年间,钱若金在塘湾镇上开办恒裕堂药肆。一向好善,每年农历十月间,均会出资为本地无主浮厝、草包棺材施穴土埋,棺柩完好者发给石灰300斤,腐朽者发木

匣1具,石灰200斤,尸骨甏发石灰70斤。

同治五年(1866),已60岁出头的钱若金仍参加岁试,终于成为举人。光绪元年(1875)逝世,终年71岁。其长子钱长喆,字粹卿,诸生,学问渊博,可惜英年早逝。次子钱维翰,即钱端升的祖父。

钱维翰(1845—1891),字亮卿。同治七年(1868),参加岁试考入上海县学,与马桥荷巷桥顾言(1844—1914,字丹泉,后为吴会书院创办人)、闵行镇李邦黻(1847—1912,字梯云,嘉庆元年进士李林松的孙儿,后为饱学之士)为同学,交情笃深。而他笃信祖训"良医比良相",一心继承家学,结果也成为本地妇科名医,著有《药性辨论》一书。光绪十六年(1890)农历十二月初七,钱维翰暴病在家逝世,年仅45岁。

祖母金氏(1852—1892),生钱桐、钱枚(枏)、钱楠(1882—1928)三兄弟,分居东、西钱家塘。自幼传授医道,唯有钱端升的父亲钱枚继承家学。

钱枚(1876—1917),钱维翰次子。娶曹氏(1876—1927),家迁东钱家塘,生1子1女。钱枚41岁去世,钱端升的妹妹是遗腹子,小其16岁,因此钱端升非常关心小妹,把她带到西南联大去上学。

钱桐有两个家

钱端升的叔父钱桐是个充满传奇色彩的人物。

钱桐(1873—1938),字孟材、孟禅,钱维翰长子。自幼长得结实,生性好动,时常会生出一些奇奇怪怪的想法,总想走出钱家塘,去看看外面世界的模样。少年时,他每个月会跟随族中兄长步行数十里路,赶到位于马桥镇的吴会书院会课。稍长,赶到上海城里入学。后来,考进上海龙门书院,成了一名秀才。长到16岁,家中突遭重大变故。父亲暴病而亡,母亲卧床数月难起,不及一年匆匆离世,全家度日如年。

钱桐抱怨枉为名医世家后人,竟无人能治愈父母病痛,看来唯有健体强身,才能享受天伦,有所作为。由此,不由产生尚武的念头。光绪二十二年(1896),他远赴湖北武昌,考入湖广总督张之洞创办的武昌自强学堂(武汉大学前身)，学习外语。光绪二十八年(1902)，应内蒙古喀喇沁亲王贡桑诺尔布(字乐亭，号夔盦)邀请，任崇正学堂及赤峰各文武学校总教习。次年，自费赴日本留学，贡桑诺尔布特撰一首《浪淘沙·送钱孟材行》，曰："明日送君行，珍重声声，此去迢遥万里程，地北天南虽暂隔，异地同情。世事太纵横，一语叮咛，从今时望好音聆，见我良朋劳致意，代达愚诚。"

在日本留学期间，钱桐与华泾的刘季平(刘三)同入东京成城学校骑兵科学习，还积极参加留日学生"拒俄义勇队"，与义勇队发起人之一、马桥的钮永建(字惕生)结为知交。

光绪三十年(1904)，钱桐归国后，在三林学堂担任军体课教员。为增强团练力量，学堂创办人秦荣光(初名载瞻，字炳如，号月汀)从三林、陈行、杨思镇各选出绅商子弟80名，利用休闲时间到三林学堂集训，因此向上海道台争取到80支洋枪。钱桐认真地对他们进行训练，到十二月初，当曾任上海县知县的汪懋琨(字瑶庭)来校视察时，见他们步伐整齐，枪法娴熟大加赞赏。可惜，此时秦荣光已经逝世。

钱桐

为此，钱桐特意向贡桑诺尔布仔细地推介秦荣光的办学业绩。贡桑诺尔布是蒙古族的新派亲王，深深被秦荣光的事迹打动，欣然撰文并书写了《秦温毅先生事略》，赞扬秦荣光从地方自治入手，努力变革，"沈毅多远略，不获大施，则思小试于一乡"。此文发表后，在全国产生了影响，使秦荣光的声名远扬。

后钱桐再赴内蒙古在文武学校专任教习。宣统二年(1910)，赴外蒙古库伦兵备处参与练兵事宜。次年春，赴中俄边境调研。民国初，任北京政府参谋部国防科科长。1913年赴新疆考察。1917年任北洋

政府督军团参谋本部职。1920 年 1 月授陆军少将衔。1925 年 2 月起任“善后会议”新疆代表。1927 年 6 月授陆军少将加中将衔。1928 年 6 月奉命再赴新疆，遭遇当地政变。事后兼任新疆驻南京办事处处长。1930 年 9 月，经钮永建推荐，担任内政部古物陈列所主任、北京古学院副院长。1933 年以南京国民政府宣慰使署参议身份三入新疆。1935 年 5 月任中国博物馆协会执行委员会常委。1936 年 5 月编著《求实斋边事丛著》自刊出版。1937 年创办古物陈列所国画研究室。1938 年 7 月 14 日因病在北京逝世，终年 64 岁。

由父母做主，钱桐少年早婚，娶本地四十二图李兰卿的女儿为妻。李氏先后生下 1 子 3 女，不幸其中 2 人是哑子。钱桐因此气愤出走。

日本留学归国后（1905 年左右），钱桐又娶钮永建的侄女钮爱华为妻，在北京定居，生下钱端壮、钱端有等三子四女。

钱端壮（1911—1993），字意南，1911 年 9 月生。早年赴欧洲留学，于德国格来弗斯瓦得大学数学系，完成博士论文后，在法国索拜大学任研究员，研究弹道学。1939 年回国至 1949 年，历任北京大学、北京师范大学、北京临时大学、国立西北师范学院（兰州）、中国大学（北京）等院校数学系教授。1950 年，任山西大学教授、数学系主任。1952 年起，任华东师范大学教授。1986 年 11 月退休。1993 年 8 月 12 日在上海华东医院逝世，享年 82 岁。

钱端有，1917 年生。曾任天津拖拉机厂厂长，为第二、三、五、六届全国人民代表大会代表。

塘湾乡董钱椒

钱端升的从叔父钱椒（1855—?），字荫庭，号介福，居西钱家塘。清末岁贡生，在钱氏家族中德高望重，人称“老先生”。父亲早逝，自幼孤单，为伴母亲而不肯远游，淡泊名利，热衷地方公益，大胆指责苛政。疏浚俞塘时，募资重建俞塘桥、祥云桥。光绪三十年（1904），带头集资在莺湖道院创办保节善会，任主任。光绪三十三年（1907），在镇西莺湖道院创办私塾，有学生 23 人。宣统二年（1910）八月，任塘湾乡乡董，先后参与创办双溪小学堂、塘湾小学堂。与陈行秦锡田等同修《上海县续志》。秦锡田1925年撰《寿钱荫庭》,赞其“人生七十古来稀,辛苦孤儿泪暗挥。骨比贞松傲寒雪,心如寸草恋春晖”。又撰《祝钱荫庭先生七十寿》,赞其“愿为桑梓谋幸福,不教屋润一家肥”。

钱椒生2子(端仪、端堃)2女(菊仪、书仪),子孙大多迁至上海城区生活,有的因求学、工作离开上海。孙子钱德芳,1927年生,1943年参加革命队伍。曾担任湖北省档案局局长。

钱端履

钱端履,为钱端升同族兄长。光绪二十五年(1899),考中上海县学,为末代秀才。1913年10月,担任塘湾乡议事会议员。1923年12月、次年7月改选,均又当选。

塘湾彭氏家族

彭氏始迁祖

当年，塘湾镇上彭姓为望族，人称“彭半镇”。

20世纪30年代，彭召棠曾经汇辑《彭氏宗谱》（秦锡田作序），称始迁祖是明代进士彭汝器（1378—1410，字宗琏，号素庵），祖籍江西省安福县（今属吉安市）。元末，彭汝器率家人迁徙来沪，定居在黄浦江北岸，建造庭院，取名“笔议轩”，静心手评《宋史》。时有名士贝琼（1314—1379，字廷臣，号清江）撰《笔议轩记》，盛赞彭琏识古今大义。明永乐二年（1404），彭汝器考中进士二甲第八名，官至翰林学士。彭氏在黄浦江边义设彭家渡口，俗称“彭渡”（今马桥镇彭渡村）。彭氏子孙除留在彭渡村外，分支有俞塘、塘湾等地。十八保二十六图塘湾彭氏为其后裔。因迭遭兵燹，谱牒沦亡，彭召棠根据俞塘一支世系，列表成谱。

塘湾彭氏名士

彭声骏，字月亭。清末监生。个性刚毅果断，有独立见解，好义嫉邪，又能容众犯而不计较，故终生无一仇人。光绪年间，两次襄浚俞塘，任劳任怨，还募捐重修庆安桥。抚侄如子,清末出其自创产业,均委派子侄无歧视。塘湾向无施棺惜字,民国二年(1913)带头捐金倡设“保节善会”。民国三年(1914),抱病去世。

彭利人

彭召棠(1888—1950),字荫乔,彭声骏之子。民国元年(1912)七月至民国三年(1914)三月,任乡议事会议员。民国十年(1921),与丁竟成等创办保婴会。民国十二年(1923)十二月乡议事会恢复,任议员。民国十三年(1924)七月起,任乡董。民国十七年(1928)五月,改行政局,任局长。1933年起,任上海县第二区区长。抗战胜利后,集资筹建塘湾大礼堂。

彭利人(1909—1951),以字行,彭召棠侄儿。上海政法学院法学士。1926年夏,加入中国国民党,在车沟桥筹建区党部。8月,任上海县第二区党部常委。1930年,任上海县第二区区长、县党部常委。次年,任县教育行政委员会委员。为私立上海正德女子中学校长、上海土布商店股份有限公司董事。抗战爆发后,赴湖南任省政府参议、江苏旅湘同乡会理事。抗日战争胜利后,任社会部计划委员。1948年1月,当选为江苏省第三选区立法委员。1949年1月,任社会部人民团体司司长。1951年12月30日,在日本东京病故。

彭家花园洋房

彭家花园洋房,位于塘湾老镇三新街78号内,1934年建造,原有业主为彭召棠。花园占地面积达2 000平方米,面东南,中轴线上建有两幢西式二层建筑,前埭建筑主体为青砖清水外墙,青瓦硬山屋面,正门前建以两根圆形立柱支撑的方形露台。后又扩建后埭建筑，为砖混结构，红砖外墙上镶嵌水泥装饰块，机制青灰板瓦四坡屋面。两楼间建有花式护栏小平桥。院内花木繁茂，有池塘、花圃、山石等景观，因此人称“彭家花园”。

彭家花园洋房

洋房东立面

1949年以后,这里收归公有,先后成为乡政府办公楼、乡文化站用房。2005年起作为吴泾镇公安派出所用房,建筑物保存完好。2009年8月6日,彭家花园洋房被闵行区政府列为文物保护单位。

洋房内庭

塘湾慈善团延续百年

清道光二十三年(1843),塘湾乡沈文澜、彭棣捐田二亩多,发起创办恒裕堂,推行施棺收殓、落葬善举,并倡导尊孔尚儒、爱惜字纸。

道光年间,钱若金(1805—1875,字静斋)在上海老城厢开办恒裕堂药肆。恒裕堂热衷善举,每年农历十月,对无主浮厝、草包棺材施穴土埋,广受好评。

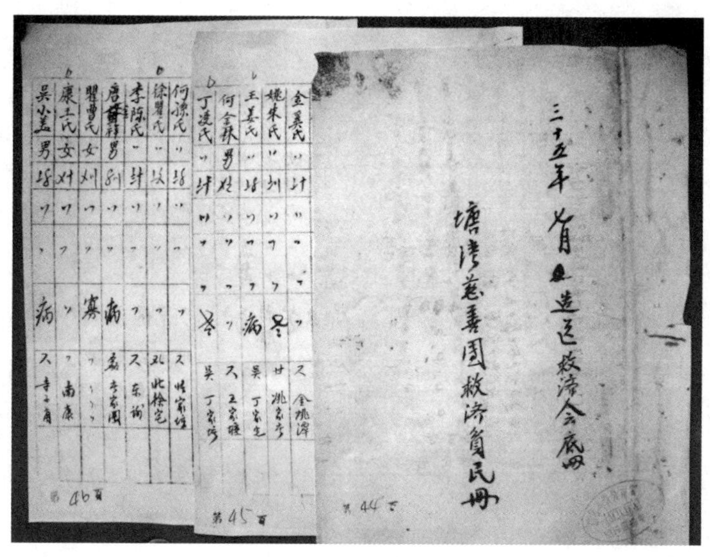

塘湾慈善团救济名册

光绪三十年(1904),塘湾乡乡董钱椒(字荫庭,号介福)和孙景康、王长秀、杨德坼等集资千余金,捐买田产四十余亩,在莺湖道院创办“保节善会”,额定恤嫠24名,知县汪懋琨通详立案。首任主任钱椒。

1913年,清末监生彭声骏(字月亭)捐金倡设“保节善会”,由王鼎铭担任主任,推行施棺、惜字善举。

1914年,彭声骏去世,临终时犹以建立家祠、设保婴会两事未成为憾,坚嘱其子彭召棠(字荫乔)续成焉。

1918年,由丁竟成、丁及成、陈善、彭召棠、何林发、王君儒、何少岩、潘昂云、孙谷生等创办保婴会,救济贫困儿女。

1925年8月,塘湾镇同德堂药号主人周澄(曾任乡议事会乡佐)创设施医局,延聘各科医生,分科施诊,四乡贫病求治者踵相接闻,每日有四五百号。

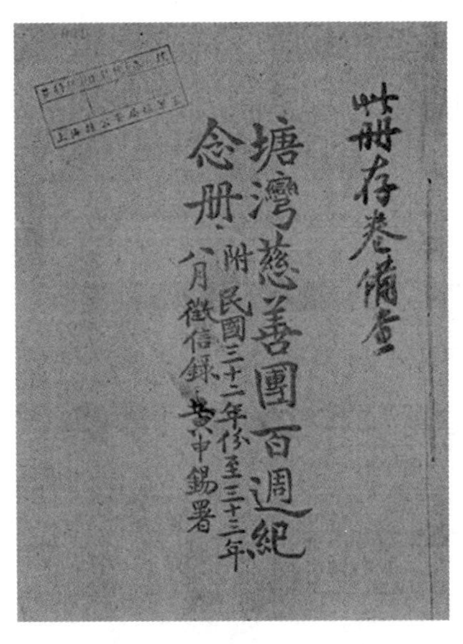

《塘湾慈善团百周纪念册》封面

1926年4月,塘湾镇恒裕堂为定居本地的“外来户”建造“客民寄棺处”,有屋数间,从而有效整治了环境卫生。

1928年7月22日,塘湾行政局局长彭召棠召开大会,宣布本地保婴会、恒裕善堂、保节会等团体合并,定名为“塘湾乡慈善团”,并呈请上海县署备案。推举彭召棠、何少岩、孙景福等主持慈善团工作。

从此,慈善团除原有恤嫠、保婴、赡老、矜残、施棺、殡舍等善举外,资助贫困子弟升学、建筑公墓、掩埋无主棺柩等。次年,特刊印《塘湾乡慈善团征信录》,由名士秦锡田作序。1931年,又刊印《塘湾慈善团百周纪念册》,公开发布慈善团规条、田产经历租额一览表等内容。

自1943年起,塘湾乡慈善团又增添施种牛痘、施打防疫针、送药等善举。

塘湾乡慈善团的经济来源，均系当地热心人士随缘乐助，从不强迫、施功望报。办事者向“款不虚糜，功归实际”，除应办事业外，苟有盈余，即购田产，不敢浪费分文，至1944年共拥有140余亩“绝粮田”。

塘湾乡慈善团一直延续至新中国成立，1950年撤销。

塘湾小学两次立碑记事

立校三十周年

1936年2月，为纪念塘湾小学立校三十周年，上海县第二区(塘湾乡)前区长彭召棠(字荫乔)创立纪念碑，特请名士秦锡田撰写碑文，记述塘湾地区艰难办学历程。碑文如下：

> 共和建国之二十五年二月，上海县第二区塘湾小学立校三十年行纪念仪式，前区长彭君召棠诏余曰：甚哉，成事之唯也。吾乡地僻民贫，风气朴陋。光绪三十一年，科举法废，书院课罢，学校章则次第颁行。越二年，吾乡赁莺湖道院之余屋聚徒授课，因陋就简，奉行功令而已。民国元年，乡长王长秀捐田三亩，建屋七椽，半为校舍，半为乡政机关。十三年，乡董钱荫庭君捐田三亩，购田八分留作校基。十四年，议建新校舍，而乔氏农田二亩横亘基中不肯割让，阻力横生。召棠捐弃私产，与之互易，强而后可，幸得集事，縻工赀银一千九百余元。于是，远近儿童渐知向学，学生年有增加。校长马希文君徇学生家属之请求，添五年级一班。召棠念本乡初级八校毕业生岁达二百人，寒素子弟不能就近升学，殊堪怜悯，议设完全小学，而经费无着，会有乡公产六分，县教育

产二亩五分，皆为信大砖瓦厂所需用，遂以乡公产易教育产而并售，与厂得价，余则募捐以足之。半载工竣，共建楼屋五幢，水泥平台二座，糜银三千四百七十五元。二十二年，学生骤增，校舍又不能容，群议添建校屋两幢，第地非校产，购置不易，召棠与区长丁及成君再四筹商，仍以公产易得其地，借款建筑，由教育局分年归还。昔人有言，衣食足而后知礼义。吾民朝耕夕织，谋生不暇，奚暇求学，当其创议之初，计划粗定，工程待举，农民握其产权深闭固拒，既不能迁地为良，又不可以收用土地之法强施于乡里，委曲迁就，无所不至，迨至工程告竣，工匠环集而待款，则又赤手空拳，点金乏术，不得不沿门托钵，强为无厌之求，维我热心同志群策群力，奔走呼号，俾底于成，即此片瓦寸椽无莫非心血所凝结也。不有记载，何以示后，子其为我志之。今夫教育者立国之本也，小学者造就国民之本也，必小学遍设，教育始能普及，人民始有爱国爱乡土之心。德之胜法，日之胜俄，皆归功于小学，则其重要远胜于中学大学。塘湾校由单式而复式，由初级而高级，循序渐进，以迄小成，不可谓非知本者焉，呜呼，天下事开创困难，守成亦不易，塘湾借此基础发挥而光大之，学术日益优美，程度日益高深，人才日益发达，再三十年必有光荣之校史，表现于世界。语曰：先难而后获，吾敬为彭君颂，并为塘湾师若生勗。

建造塘湾大礼堂

抗日战争胜利后，为振兴地方经济社会，彭召棠发动乡人集资筹建塘湾中心国民学校大礼堂。

大礼堂建在学校后面，占地140平方米。1948年7月1日，举行落成典礼。此时逢本地创学四十四周年，为了纪念前辈功绩，特意在大礼堂门首书写对联云：

记卅载纪念而还，抗战后又现此景象。

垂八年破坏之整，合力乃得又光荣。

为此，乡人特邀民国元老钮永建为塘湾大礼堂题名，并刻在礼堂门楣。上海县《明心报》做了专题报道，同时刊发了彭召棠撰写的《塘湾小学新建大礼堂记》，全文如下：

教育为立国之本，小学乃育才之基。我塘湾小学校向以校舍宽敞，校具充实闻。自遭敌伪蹂躏，几不堪聚徒设教。民国三十六年春，舍侄利人函前校长徐君崇礼，呈请苏宁救济分署拨助物资，从事修葺。徐前校长乃绘具图说，邀地方士绅及校友等组织修建委员会，着手修葺。经会议决定，先修旧舍，筹建礼堂，由会公推余与康君济民为主任委员，分设劝募、工务、文书、会计四组。于是，杨君静初，李君伯君，申君春圃，王君文旭分组担任。但救济物资为数有限，以之修理旧舍尚嫌短绌，遑论建筑礼堂，不得已乃募款益之。讵料，币值低落，工料飞涨，捐款迟迟，一时难期实现。乃与李君伯君磋商，将募到现款随时购办建筑材料，始于三十七年三月奠基，六月落成。中间因砖料缺乏，工程几将停顿。校长丁君学琴不辞辛劳，督同师生搬拾遗砖应用。斯堂之成，可谓艰苦万分矣。堂占地二千方尺有奇，东西六十一尺，南北三十三尺，高四十尺。东设讲演台，西架小楼置藏书，旁建儿童阅览室，两楹另架花棚，接通旧舍。堂南为游息场，堂北为花圃。于是校长丁君诏余曰：“诸君子再造吾校，峥嵘璀璨，设备犄完，不可无记，以垂后。”呜呼，余参与斯校兴建，于今四次矣，中间委曲艰难详见乡先辈秦砚畦先生《立校三十周年纪念碑》，兹不复赘，唯当此社会不宁，农商交困之秋，斯堂幸得落成，不得不归功于在会同志，群策群力，奔走呼号，各界人士之能解悭囊，而李君乔梓购料督工，自赔川资，张君凤三募款最巨，更为难能可贵，余等不过坐享其成而已。凡百事业，创议非难，成功为难，成功而能保守为尤难，须视公如私，方克有济。斯堂日后爱护之责，其有赖于塘湾校之师生也，不待言矣。今将建筑收支勒之石而置之墙壁，一以谢热

心君子乐助之忱，一以明经费出入丝毫之慎。余愧不文，略志其梗概云尔，是为记。

中华民国三十七年六月里人彭召棠撰。

1959 年 7 月塘湾中心小学应届毕业生合影时，大礼堂完好无损

宅院建筑掠影

朱家塘石驳岸

明末清初,有富绅朱万宪在朱家塘沿俞塘河新建宅院,取名“师古堂”。宅院仪门壮观,在东、南侧沿河修筑石驳岸,极为坚实,在本地区首屈一指,以至“石驳岸”成为村宅地名。

这些沿俞塘旧河道的驳岸条石,曾是塘湾乡与北桥乡的分界线。

朱家塘石驳岸一角

英武村黄家住宅

黄家住宅,位于英武村八组 50 号,始建于清代晚期。坐北面南,面阔五开间,进深六界,形制规整。青瓦屋面,外形类似歇山顶,屋脊中央饰有人物故事雕塑。正间厅堂的房门框上雕花,正面六扇木门上部均为镂空花格。

英武村黄家住宅

2012 年 6 月，黄家住宅被列为闵行区文物保护点。

沈家宅古民居

塘湾打虎舞

打虎舞,习称“老虎灯”,以“武松打虎”为主要内容,流行于塘湾等乡镇。

打虎舞

1945年抗日战争胜利时，塘湾乡乐道库上村的几个农民请天朝里蒋进法老人扎制了一只老虎灯后，以《武松打虎》的故事情节自编自演为行街表演节目，隐喻抗日斗争，表现中华民族的英雄气概。后来，他们在闵行元宵灯会行街中演出，人们为之沸腾，声名鹊起。

打虎舞

“武松打虎”舞蹈结合情节，突出打虎时跳、扑、掀、翻、扫的特点，引人入胜，令人振奋。表演武松者仿照京剧打扮。老虎灯的制作与狮子灯近似。表演用锣鼓伴奏，选用传统的《三记头》为基础，即兴加入《流水》和《刹点》。

1960年和1984年，塘湾乡两次组成《武松打虎》表演队，四处演出。后结合舞龙，创排出《龙腾虎跃》。

2008年5月，塘湾打虎舞被列入第二批闵行区非物质文化遗产名录。

鲤鱼灯舞

鲤鱼灯舞，俗称“鲤鱼跳龙门”，当年盛行于闵行老镇和塘湾、北桥、马桥等地区。

20世纪40年代，塘湾乡李菊仁随父老乡亲去闵行老街看灯，见鱼行工

人出的鲤鱼灯样子好看,回家后也动手扎制了一只,在村里舞耍。农历十月初一塘湾举办庙会时,他同村里人一起结社到镇上舞起鲤鱼灯献艺,并就此传承下来。

皮影戏班

陆家皮影戏班,建于1922年。班主陆雨根,薛家弄(今共和村十组)人,为七宝毛耕渔皮影戏班第三代传人。陆雨根亲传曹锡奎及三个儿子,后传陆浩云、黄生堂、黄锡贵等。

1936年,应太仓红狮牌包车公司之请,陆家皮影戏班在上海亚声电台演唱《薛仁贵征东》和《封神榜》中《大破万仙阵》等剧目,历时半年。平时往奉贤、松江、青浦等县演出。

民间音乐班社

据1986年民间文艺普查统计:本地区道教音乐班流行较早,有的始建于18世纪中叶。吴泾村乔长河杨家道教班,祖传四代,班主杨炎兴。乐道村汤家塘道教班,祖传五代,班主汤锦贤。共和村沟圈里道教班,祖传四代,班主杨纪财。当年,塘湾村袁家宅桥打唱班最为著名,农闲时职业性演唱,祖传五代,班主为袁连生。丝竹班以自娱为主,俗称"小清班",著名的有共和村孙家塘丝竹班(班主孙顺林)、乐道村汤家塘丝竹班(班主蒋英),均始建于20世纪30年代。

因此,以江南丝竹为主的民间音乐在本地区有广泛的群众基础。2001年10月5日,吴泾镇民乐队在首届"金秋闵行"社区文化节演出中获得一致好评。

业余沪剧团

20世纪50年代初,"翻身得解放"的人们欢欣鼓舞,年轻人更为活跃,为

民间音乐班

乡土文艺注入了新的活力。在文化工作者的指导下，乡村业余文化生活日益丰富，沪剧演唱自然成为本地文化活动的主要形式。

1952 年，塘湾镇青年自筹资金组建“塘湾人民沪剧团”，为配合《婚姻法》宣传，排演了沪剧大戏《罗汉钱》等，还到闵行、马桥等地巡演。据 1953 年 2 月 2 日《文汇报》报道，“塘湾人民沪剧团”在最后一场演出结束时，特意安排乔顺祥、何月琴等 6 对本地青年男女走上舞台，举行结婚仪式，鼓励青年人争取婚姻自由。

1958 年 9 月，塘湾公社建立沪剧团，演出大型沪剧。

“文化大革命”结束以后，改革开放带来了经济大发展，百姓迫切需要文化娱乐的大繁荣。1979 年 6 月，塘湾公社文艺工厂演出队成立，先后排演沪剧《大雷雨》《三县并审》等 7 部大戏和《玉桃缘》《梅花吟》等小戏。1984 年 2 月，文艺工厂停办。

2009 年，吴泾镇成立“俊虹沪剧沙龙”。队员们利用每周四上午的时间坚持训练，风雨无阻，直到今日。在吴泾地区“村居委月月演”、“激情闵行”、社区文化活动日等文化舞台上都活跃着他们积极参与的身影。沪剧团荣获了 2011 年闵行区“金秋闵行优秀团队”荣誉称号。2014 年排演大型沪剧《石榴裙下》。

说书艺人洪富江

洪富江，共和村人。年轻时随父亲学唱太保书，20 世纪 60 年代进入松江曲艺团从艺。曲艺团解散后，回乡务农，农闲时外出讲演《长工桥》《母女会》等故事。

1969 年 12 月 15 日，上海县革命委员会和复旦大学教改队在北桥公社灯塔大队举办的基层干部学习班，洪富江应邀在联欢会上演讲《智取威虎山》。他以京剧样板戏演出本为脚本，在展开故事情节和刻画人物时增添了一些“噱头”，受到听众欢迎。复旦大学教改队却认为洪富江“利用新形式宣传旧内容，破坏革命样板戏”，便以通讯员名义向《文汇报》社报道此事。12 月 23 日，张春桥阅后二次批示，要求上海县革命委员会严查此事，组织“狠批”。于是，塘湾、北桥公社 6 名干部因“为破坏革命样板戏大开绿灯”而被公开点名批评。1970 年 1 月 25 日，张春桥亲自起草上海市革命委员会文件，称：“我们所以郑重其事地把这个问题提出来，并不是小题大作，这是一个很大的题目。”就此，洪富江被定性为“严重破坏革命样板戏”的“现行反革命分子”，被押到上海县各社镇和上海市区有关单位轮番批斗。农历除夕被批斗到深夜 11 点，到年初一早上 6 点又继续批斗。三个月内，大小批斗会达 200 余次，以致其家庭破裂。直至 1979 年 4 月 6 日，上海市文化局为洪富江恢复名誉。9 月，上海县民间艺人协会成立，洪富江任主席。

洪富江

第四章

近百年风云

这里曾为乡政府办公楼

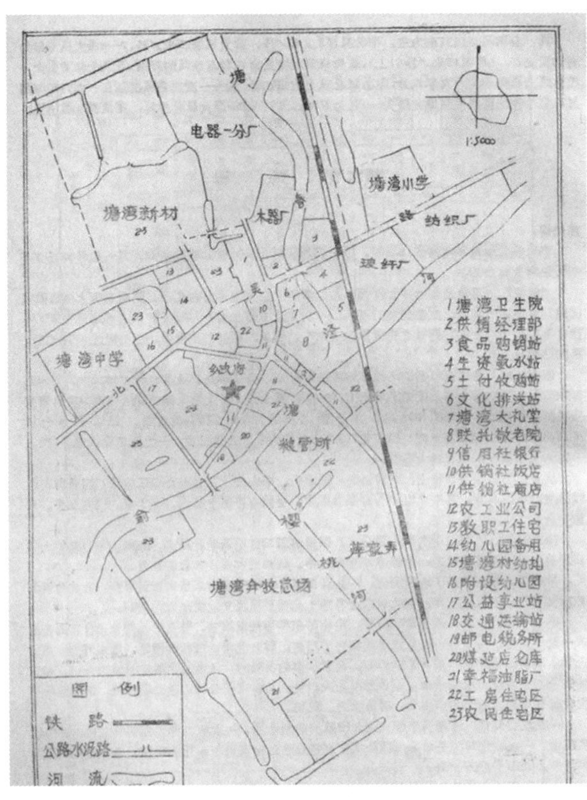

1986 年塘湾地图

老庙兴衰

近代，吴泾地区有着众多寺庙，大多规模有限，但与当地民众的精神生活密切相关。本地寺观供奉神多为土著神，有的佛、道并奉，大多缘于乡民对家计民生的期望、祸福休咎的趋避，涉及每一天的生活，渗透每个乡人的心灵。本地人还信仰天老爷、土地公公等自然神和福、禄、寿、喜、财、门神等社会神，财神崇拜至今最为普遍。

南广福寺，位于寺嘴角。宋嘉泰年间（1201—1204），里人邹运干舍宅而建，俗呼“邹家寺”。由僧人宗印始住寺。原先，紧倚黄浦江，因潮水凶悍，危及寺基，乃内迁里许（今乐道村东南隅）。清咸丰年间，何南浦等募修后殿。光绪年间，何锡昌等募修前殿。民国六年（1917），何毓桂又筹款修葺，有房20多间。1950年之前，寺废。今有遗存南广福寺八棱石井栏一口，井栏为青石质，八棱柱形，上小下大，栏圈高0.36米，上口内径0.25米，外壁阴刻文字“宋绍定五年（1232）三月十三日题”及项姓佛教信徒为纪念亡妻凿井的缘由。原物今存临沧路古藤园内。

莺湖庙，位于塘湾镇西首。民国元年（1912），彭声骏、蔡云洲募捐重修，时有房三进，共20多间。1956年，庙屋拆除。1968年，庙前两株银杏被伐。

长生庵，位于塘湾村陈家塘。1934年重建，有屋3间。后来前埭改建为楼。1960年拆除。

南宋八棱石井

甘露庵，位于友爱村清华浜畔（今友爱实验中学操场）。清顺治二年（1645），里人始建，供奉观音、斗姥（俗称"梦阿太"）和猛将等像。民国四年（1915），孙景福、潘祖英、蒋鸿声、孙祖贻等募捐修葺，改西厢为侧厅。民国六年（1917），甘露小学建在庵中，两者共存。1951 年时，共有房屋 13 间，土地面积约 1 333.3 平方米。1958 年，庵中香火中断。1971 年，扩建甘露小学时拆除。近年，民间自发复建。

沙门塘庙，位于英武村。清顺治三年（1646）始建，供奉城隍。民国四年（1915），何达如等募捐重修。有房 20 多间，田产五亩。曾设私塾。1949 年时，房仅存 8 间。1956 年，拆建大队牧场。

仁寿庵，俗称"小关帝庙"，位于乐道村六组。清光绪年间，宋成业募修，时有三开间一绞圈，前有楼房 1 间。1965 年，庵废，银杏被伐。

新庙，位于乐道村东谢宅。民国二年（1913），谢子全、谢月楼等募资重修，有房 3 间。因遭黄浦江水冲淹，1947 年庙废。

法华庵，位于共和村金家里东北。有楼房6间、平房8间，供奉观音、斗姆像。1968年，庵废。庵前银杏树于1979年被伐。今存清同治十三年（1874）所立碑石。

地母宫，位于共和村张家石桥。1942年始建，供奉地母（又称“天后”）、观音、弥陀等神像。1956年，改作仓库。

慈悲庵，位于幸福村二组。明弘治年间始建。有房14间，田产四亩，供奉观音、猛将诸神像。1961年春，庵废，改作仓库。

金钟庙，位于金红村俞塘河口，传说庙内自古有一座金钟，故名。明嘉靖十四年（1535），庙始建，供奉上海县城隍秦裕伯神像。民国十一年（1922），金秋潮募捐重修。1960年，庙房被改作牧场。1980年，电化厂扩建时被全部拆除。

栖云庵，俗称“马氏家庵”，位于星火村马家里。明崇祯九年（1636），里人马应麟建。清道光年间，庵废。

普济庵，俗称“蒋家庙”，位于星火村四组。明崇祯年间，蒋姓人家始建，主供观音神像，有房5间。清咸丰年间，蒋鸣岗、蒋照环募资重修。民国十一年（1922），蒋燮堃、蒋莲坡、蒋华募资重修。1960年5月，全部拆除。

惠济庵，又称“姚家庙”，位于星火村六组（黄浦江斗牛渡口旁）。有房5间，供奉关帝。民国十一年（1922）姚如士、姚荣生、姚关林等募资重修。1961年5月，改建为大队牧场。

永慈庵，位于吴泾村黄浦江边。明崇祯二年（1629），花厅宅钱宏仁、钱宏义建，供渡江者息脚，供观音像。有庵田五亩，供住持资生计。清嘉庆元年（1796）九月重修。1958年，庵废。1982年，庵房拆除。

斗姆阁，位于吴泾村王家塘。明末，里人王茂忠建草房供斗姆神像。清康熙三年（1664），舍宅建阁。乾隆四十年（1775）夏，张惠曾等集资重修。光绪三十年（1904），里人王树声等重修。民国二十六年（1937），改建为吴泾小学校舍。

吴冲泾庙，始建于明代，原建在通济桥东。因黄浦江江堤屡坏，嘉庆十年（1805）迁建至通济桥北，时有桥联称“北连千年香火朝，南接慈航万渡头”。庙有房三进,20 多间,供奉上海县城隍秦裕伯神像。庭中植银杏 1 株,粗可盈抱。有庙田四亩。民国四年(1915),丁光弼、何少岩等筹款重修。1962 年,庙废。

草庵,位于北平村夏家塘。1915 年,后埭房建草庵小学。1966 年,庵废。

三元堂,又名三官堂,位于南平村龙头宅。有房 12 间。1956 年庙废。1961 年,改建曹家村小学。

实行地方自治

地方自治是近代中国新兴资产阶级用来反对封建专制、反对中央集权，争取参与政权的一种政治主张。上海城厢是最早实行地方自治政策的地区，1905 年 10 月，“城厢内外总工程局”成立，专办地方公益事宜。

光绪三十四年（1908）十二月，清廷颁布《城镇乡地方自治章程》，规定各乡设立议事会和乡董，实行议事与行政分列。乡议事会由选民选举产生，地方自治执行机构只设乡董和乡佐，自治事项有学务、卫生、道路工程、农工商务、慈善事业、公共营业等。

宣统二年（1910）八月，塘湾地区组建乡议事会，推选乡董。民众选出议员 12 人，推举陈善任议长，杨德圻任副议长，钱椒任乡董，钱枚任乡佐。乡议事会按季度召开会议。

1912 年 7 月，乡议事会改组，设议员 12 人（孙景福、何毓桂、张锡骥、丁光弼、王鼎铭、宋成业、彭召棠等），孙景福任议长，何毓桂任副议长。1913 年 10 月，议员半数任满，改选 6 人（彭召棠、钱端履、陈善、蒋洪生、乔源、洪香泉）。在塘湾镇东市以乡公款建造 7 间瓦平屋，为乡公所用房。

1913 年 7 月 8 日，袁世凯窃据中华民国临时大总统后，图谋复辟帝制，时局持续动荡。1914 年 3 月,塘湾乡议事会奉令解散。

据上海《申报》1914 年 9 月 24 日报道:塘湾一带乡民来往于上海城区均依靠搭乘航船,需经历诸多周折。为此,彭召棠等本地乡绅准备自行创办小轮船航线,特赶到上海县公署禀请立案。上海县洪知事要求乡经董开展可行性调查,研究设立轮埠办法是否妥洽及航船生计有无窒碍。

1923 年 12 月,地方自治制度恢复,塘湾乡议事会重建,议员存 6 人(孙景福、何毓桂、张锡骥、丁光弼、彭召棠、钱端履),补选 6 人(孙枚臣、王浩然、丁及成、钱朗蟾、彭士高、潘祖英)。乡董王长秀(字亦卿),乡佐周澄。1924 年 7 月改选,议员 12 人(潘祖英、何谦、丁及成、何毓桂、龚祥林、彭士高、杨连卿、陈汉章、孙祖贻、钱朗蟾、王浩然、钱端履),议长丁及成,副议长钱朗蟾。7 月 9 日下午,由议长丁及成邀集各议员,在乡公所内改选乡董乡佐。投票结果,彭召棠当选乡董、孙介凡当选乡佐。

1925 年,丁竟成出任乡议事会议长。次年,仍由丁及成任议长。

1928 年 5 月,地方自治制度终止,改设地方行政局,彭召棠为局长。

新旧交替出命案

辛亥革命以后,本地推行移风易俗,进步人士支持女权意识的觉醒,主张婚事从简,以三鞠躬取代跪拜,以司仪、傧相取代“六色人”(男引、女引、乐人、香案、夫头、炮手等旧式礼仪职业人员),以清新欢乐的丝竹演奏取代吹打班。此举遭到旧势力的抵抗。

李家桥(今吴泾村)的李子嘉(1895—1918),师从乡儒丁光弼、彭荫庭。自幼聪颖,能说会道,又好书法,在家设义塾,后任塘湾乡立第二、第三小学教师,为推行“文明结婚”仪式,乐意帮助张罗,担当婚庆司仪,深受乡人欢迎,成为反对封建礼教的带头人。

1918 年底,塘湾镇南街孙姓人家办喜事,李子嘉应邀前去主持新式婚礼。婚礼结束已是深夜,他途经金家里村宅东面的南北大道时,冷不防被绳索绊倒,继而遭歹徒拳打脚踢,终被掐脖而亡,尸抛金家河。

事后查实，是当地吹打班人员作恶。民间吹打班大多为职业班社，向以“门图”划分地盘，包揽婚娶、丧葬诸事。而文明婚礼的兴起，使他们断了生财之路，以致引起恐慌，酿成惨剧。

创办新式学堂

塘湾地区建立最早的新式学堂是莺湖小学堂，建于清光绪三十一年（1905）。创办人蒋庆和，字静园，莺窦湖人。莺湖小学堂所在地如今建有交通大学闵行校区南大门（凯旋门）。

莺湖小学堂所在地今建交通大学闵行校区南大门（凯旋门）

光绪三十二年（1906），乡儒丁光弼（字梦松，小丁家宅人）、王杰创办“日新小学堂”。宣统元年（1909）改名为“吴泾小学堂”，1917年2月，又改称乡立第三初级小学校，校址原为斗姥阁，丁光弼捐银和乡公所拨助购民田建立校舍。民国十七年（1928）春，又扩建，为复式编制。

光绪三十三年（1907），塘湾镇乡董钱椒以莺湖道院余屋聚徒授课，创办

“塘湾初级小学堂”。同年，何毓桂创办“芦江小学堂”，宋成业创办“启文小学堂”。

1912年，乡长王长秀捐田三亩，在中心街东面建屋7椽，半为塘湾小学堂校舍，半为乡公所用房。

1912年12月起，双溪小学堂改称“乡立第一初级小学校”，租乡保节会田产建成校舍。1928年扩建。

1913年2月，塘湾小学堂改称“乡立第二初级小学校”。乡董钱椒捐田三亩，购田八分留作校基，又购民田一亩建成校舍。1925年10月，扩建校舍。1928年试办完全小学，在乡董彭召棠和何沛苍、丁及成等捐银及县教育局、乡公所资助下调地，又扩建楼房。

1917年2月，乡立第五初级小学校在甘露庵创设，后名“甘露小学”。校基系庙产，孙景福、蒋鸿声、孙祖贻捐银建屋，为单级编制。1928年3月扩建。

同年10月，乡立第四初级小学校在汤家木桥创设，后名“汤桥小学”，为单级编制。

1925年2月，乡立第六初级小学校在大陈乡赁屋创设，后名“观涛小学”，为单级编制。民国十七年(1928)春，购地扩建。

1928年2月，乡立第七初级小学校在姚家弄赁屋创设，后名“培材小学”，为单级编制。同年8月，乡立第八初级小学校在曹家巷赁屋创设，后名“塘闵小学”，为单级编制。

为记载本地区创办学堂的艰难过程，彭召棠特请名士秦锡田于1936年2月撰写《塘湾小学立校三十周年纪念碑记》。

声援五四运动

1919年6月5日(农历五月初八)晨，为声援北京五四爱国运动，上海南市大小店家率先不启门，门口皆张贴白纸，上书罢市请命。各地随之仿效，罢市规模迅速扩大。

闵行老镇接到南市消息后,商学各界群起响应。6 月 5 日晚上,召开各界公民大会,全体公决于 6 日下午起罢市罢课。

6 月 6 日下午一时起,闵行老镇罢市罢课如期举行。消息传开,四乡振奋。塘湾集镇商家积极响应,从 6 月 8 日起全体休业罢市,以示声援。

6 月 10 日,全国各地声势浩大的抗议浪潮。北洋政府被迫下令免去卖国贼曹汝霖、章宗祥和陆宗舆的职务。

6 月 12 日,闵行老镇再次召开公民大会,决定于次日开市。塘湾集镇商家随之仿效。

塘湾民众教育馆

1931 年 7 月,上海县立塘湾民众教育馆在塘湾镇前进街东首开馆,由徐鹏程任代理馆长。建馆舍时,得到信大砖瓦公司和本地名士捐助。

塘湾民众教育馆设民众茶园、体育场、民众学校、书报阅览处、扫盲代笔处等,馆前建有小公园,为公共文化活动场所。褚佐良(1907—1933,原名寅生,西褚宅人,四十二图图董之子)、丁鸿章(1938 年省立第二农校毕业生)等先后任馆长。

1933 年 5 月,塘湾民众教育馆建立民众诊所,开展公益性卫生保健活动。6 月 1 日,又建立国(武)术团,有团员 25 人。7 月,连续三天举办“消夏会”文艺活动。

当年"窑上"

胡厥文与"中华第一窑业工场"

在"实业救国"思想的推动下，1920 年 3 月，上海纺织业巨头穆湘瑶（1874—1937，字恕斋，又名杼再，浦东杨思人）筹集资本 40 万元，在黄浦江吴冲泾渡口附近，创立"中华第一窑业工场"，并担任董事长。

开工之初，诸事齐备，从德国进口的一台柴油发动机却无法启动，请来两位德国技师也查不出问题，窑厂生产全面受阻。穆湘瑶心乱如麻，突然想起自己企业的机器大多是委托新民机器厂创制的，那里的胡厥文（1895—1989，又名胡保祥，嘉定人）毕业于北京工业专门学校，当时年仅 25 岁，刚创办新民机器厂，熟悉修理外国机器。

胡厥文应邀前来查看，认为"活人可以治好这台死机器，中国人可以胜过外国佬"。他大胆地说："三个月内保你出货。"于是，他带了一位师傅来，吃住都在工场，经过两个月的调试，终于发现并修好了发动机点火器存在的问题，使窑厂生产出了第一批产品。

穆湘瑶极为兴奋，称赞胡厥文是"中华第一窑厂的第一功臣"，并聘其担任窑厂经理。

窑业工场在胡厥文的治理下，很快拥有职工 769 人，德式轮窑 3 座，链式

干燥室约500平方米，日式制砖机、压瓦机等设备11台，生产机红砖、机红瓦、红脊瓦，每日可出货六七万方，成为我国民族工业中第一家采用链式干燥室的砖瓦厂。

1923年，窑业工场改称“信大砖瓦有限公司”。

1937年抗日战争爆发后，公司基本停产。

吴泾砖瓦厂

“小吴泾”集市

随着砖瓦厂的建设，以及闵南轮船公司在此辟建轮埠，这一带人口增加，商业活跃，形成集市，逐渐店铺成街。乡人初称其为“窑上”或“窑头”，后俗称“小吴泾”。

“吴泾”作为地名随之流传。

抗日战争时期，日伪军封锁黄浦江江面，轮埠颓废，商业萧条，“小吴泾”集市衰落。

1942年6月28日，沈慕容在吴泾建立中国砖瓦股份有限公司三厂（简称“吴泾砖瓦三厂”）。

1944年11月，信大砖瓦厂重建，聘用职工170人。

20世纪50年代，信大砖瓦厂并入吴泾砖瓦三厂。1959年2月，上海砖瓦一厂和砖瓦三厂合并为地方国营吴泾砖瓦厂（后改称“上海石英玻璃厂”）。

小吴泾集市随之重新恢复生机。

本地有了党组织

1921 年 7 月 1 日,中国共产党在上海诞生。1925 年,在五卅运动推动下,上海地区中共基层组织加快发展。

1926 年 5 月,北伐战争揭开序幕,大革命的洪流席卷各地。

夏季里,陈秋帆(又名陈俊德,塘湾乡人)、杨厚生(字思公,曹家桥人)、彭利人(1909—1951,塘湾镇人)、姚影鸥等本地热血青年加入中国国民党,迎接国民革命军北伐攻打上海,并在车沟桥筹建区党部。

在国共两党合作斗争中,陈秋帆等结识了更多的共产党人。

1927 年 4 月 12 日,以蒋介石为首的国民党新右派在上海发动反对国民党左派和共产党的武装政变,大肆屠杀共产党员、国民党左派及革命群众,国共两党第一次合作失败。

陈秋帆眼见共产党人惨遭屠杀,震惊愤懑,旗帜鲜明地抗议国民党新右派。他与彭利人等昔日好友因志向不合、政见相异,随即分道而行。陈秋帆不忘初心,毅然地加入共产党的队伍。

8 月,国民党实施清党后,“清党委员会”在塘湾、曹行地区建立上海县第二区党部,下辖塘湾、曹家桥、车沟桥、吴泾四个区分部,彭利人、杨厚生等任

常委。

不久，杨厚生在陈秋帆的引导下，毅然退出国民党，加入共产党。

策划武装暴动

大革命失败后，中共江苏省委根据党的八七会议精神，决定开展土地革命和农民武装斗争。1927 年 11 月，在中共松（江）金（山）青（浦）县委书记陈云领导下，小蒸地区率先成立了一支近 30 人的农民武装队伍，命名为松江区农民革命军。

消息传来，陈秋帆、杨厚生等精神振奋，决心在家乡传播红色火种，尽快点燃革命之火。

1928 年初，中共上（海）宝（山）区委在塘湾地区（一说在虹桥的塘湾宅）建立，陈秋帆担任区委书记，直属中共江苏省委兼上海市委员会领导。

1 月 1 日，中共江苏省委制定《关于江苏省各县暴动计划》，要求各县在阴历年关必须发动武装“总暴动”，反抗国民党反动派，实现土地革命。据这份计划记载，上海县境内新龙华至闵行镇一带，时有中共党支部 3 个，党员 20 余人。

根据中共江苏省委的这一指示，陈秋帆立即进行筹划，组织本地区年关暴动。

1 月 16 日（农历腊月二十四日）晚，陈秋帆、杨厚生等在曹行乡陆家店（今梅陇镇许泾村五组）聚集农民、准备暴动，却不慎走漏信息，突然遭到当局的武装镇压。陈秋帆、杨厚生等只得离乡撤往上海城区，等待时机再战。

4 月 27 日晚，陈秋帆安排中共地下党武装人员在黄浦江畔信大砖瓦窑业工场附近袭击了塘湾乡保卫团，击毙副头目。

7 月，中共江苏省委根据中共“六大”会议精神，批判了“左”倾盲动错误，重新制定农民运动计划和农村斗争策略。

在白色恐怖之中，陈秋帆、杨厚生带领革命群众艰难前行。

抗战烽火

“维持会”引来灾难

1937年,抗日战争全面爆发后,浦东抗日游击队时常跨过黄浦江,袭击塘湾老镇,因此这里成了日军驻北桥、闵行警备队的心头之患。

1938年4月,上海县伪“治安维持会”会长何尽美在塘湾地区被游击队捕俘。驻闵行日军警备队长得讯后,即命令塘湾镇“维持会”会长朱敬斋三日内营救何氏脱险,否则就将塘湾镇化为平地。塘湾镇居民闻此消息,恐慌异常,相继逃难。

5月15日晚,浦东游击队丁锡山部第三次到塘湾镇示威。伪“维持会”会长朱敬斋闻警先逃,伪副会长金国祥和伪会长朱敬斋的儿子朱志尧被架走而失踪。游击队还冲至翁板桥,截击小队日兵,交战三四小时后隐去。

翌日,日军前来大肆搜查,遇壮丁检查更严,如腿膀、脚掌、手掌等均经逐一检验,凡身有刺花、牛疤及身魁体胖者均认定为游击队间谍,即殴打绑缚拘捕。塘湾镇上的理发匠阿土、饭店老板阿囡以及北桥镇茶馆老板三苟、烟灯老板木弟,均被拘解到了北桥日军司令部。

伪“维持会”会长朱敬斋的儿子朱志尧是高中学生,经游击队教育,明白民族大义,同意回家劝说父亲弃邪归正。然而,朱敬斋执迷不悟,竟将儿子

逐出家门。朱志尧到浦东投奔游击队,并不时率队过来与父亲唱“对台戏”。

不久,日军警卫司令部得到情报,听说朱志尧已担任游击队队长职务,专门在塘湾一带扰乱治安。7月19日深夜12时许,日军派出40余人前往塘湾镇,分布步哨,将镇区包围,勒令朱敬斋协同日兵挨户搜查。朱敬斋吓慌了,竟指鹿为马,随口乱点乡民是游击队员。结果,日兵拘捕了乡民17人,押赴北桥镇审讯查究。日兵恐怕游击队前来追截,竟将沿俞塘、横泾的大小桥梁全部拆毁,企图断绝塘湾与北桥之间的交通,致使塘湾镇成为死角。

7月22日上午,日军司令部又派便衣队20人改扮成农民、小贩的模样,身穿柳条土布及深蓝土布短衫裤,头戴破旧凉帽,手提竹篮,肩挑步担,背负麻袋,混入塘湾镇扼守要道。他们同时从篮、担、袋内拉出轻便机关枪,阻止镇人奔逃。随后,日军24人马队突然间闯进镇来,剔除老少妇女,将镇上22个男性壮丁逐一用麻绳捆缚,押赴北桥镇。其中有商民王顺庆、农民朱四林等。同时,日兵将双手被反缚的塘湾镇伪“维持会”副会长、镇商会主席彭伟人由北桥押回塘湾镇,绑在区公所前面的梧桐树上拷打。彭伟人招认,说区公所东面的草地下面埋藏军器。一经发掘,果然有步枪12支。日兵又拘押李阿法,逼其领路下乡搜捕游击队。下午四时,日军将彭伟人以及12个“有包庇私藏军火之罪”的警察一并斩决。日军又查出彭伟人和朱敬斋私吞税款的行为,一怒之下,也将朱敬斋枪决,并将维持会解散了。

7月26日,塘湾镇忽来日军五六十人,抓去壮丁30余人。商家以所捕壮丁均与游击队无关,请求释放。但毫无结果,商界无奈集议罢市。

游击队神出鬼没

1938年12月14日《文汇报》记载：据塘湾镇来人谈,迩来吴家巷日军列队轮游于曹行、华泾、长桥、关港、塘湾乡村间,假借搜查游击队为名,滥捕农民,情轻者交保、罚款、笞责、摘释,其有稍涉嫌疑即被斩首,沿路开枪杀人,形同儿戏。

1939年1月3日《文汇报》记载：北桥宣抚班日军自近日起,每于黄昏夜静时,辄用卡车,调集吴家巷、汇桥、闵行三处日军,暗赴塘湾、曹行、颛桥搜查游击队,并寻机抢劫。每次出发,必能趁此攫得千枚铜元带回北桥贬价出兑。

1939年3月23日《文汇报》记载:3月19日晚上八时许,有汽艇两艘,满载日海军百余人,由南黄浦驶往平湖方面增援。当经过塘湾时,适北桥方面开来日陆军一小队,正搜索游击队,而日军均身穿便衣。日海军骤闻岸上枪声,以为游击队袭击,惊惶中将船靠岸,散开围击。日陆军误以为中伏,予以猛烈还击。一时枪声密集,于黑暗中酣战半小时有余。迨发觉同为日军时,双方已死伤各十余人。当地民众,一时传为笑谈。

1939年5月4日《申报》记载:日海军陆战队30余名,由沪闵公路经北桥,赶往塘湾镇进攻游击队。孰料,游击队已经得到密报,及时散伏在民房之中。日兵进抵塘湾街口,看不见游击队的行踪,认为已逃避他乡,便整队鱼贯而入。当他们走到塘湾小学附近时,游击队突然从四面冲出,将日兵团团包围。日兵方知中了埋伏,意欲顽抗,却眼看势不可敌,只得弃械求救。游击队将他们的枪械全部收缴,并予以驱逐。

6月15日上午,日军闯入塘湾镇老街,将居民全部赶至塘湾小学操场,周围架设机关枪,并用硫磺弹将振南街、中心街120余间店面房屋全部焚毁。

7月22日《申报》记载:7月18日,塘湾镇惨遭浩劫。缘有游击队前往巡逻,浦边日海军突起恐慌,即派队前往搜索。眼见游击队已走,日军就大举纵火烧房。霎时间,火光四起,乡人逃避一空。大火延烧历数小时之久,损失惨重,而日军退登兵舰扬长而去。

日军暴行录

新建村杨家湾的杨大和依靠在黄浦江上摆渡维持生计,1937年被日本兵用树棍活活打死。同村杨关福在逃难途中,被日兵一枪打中,随后被砍死在河中。蒋家塘蒋金松在北桥给人家做长工,为帮东家夺回被日兵抢去的耕牛,遭日兵刀杀身亡。

1938年4月，英武村五组蒋伯清的妻子，在挖野菜时遭日兵枪杀。共和村二组杨友火和星火村姚秋生、李昆阳等合伙做贩米生意，从昆山周庄运大米返回经过沙巷庵六磊港时遭遇日兵枪杀，被开膛剖肚挖出心肺。6月1日，共和村徐金福等7人在东沟村做黄浦江摇船渡工，遭遇日军船只追杀，船上4人被迫跳江淹死，徐金福被日兵枪杀，另两人被抓后被捆绑在树上示众，数日后活埋致死。7月21日，曹行警察所一巡警失踪，日军疯狂报复，到塘湾鹤寿堂药店抓走伙计乔寿璋、沈祥龙，严刑拷打十日后，被枪杀。

1938年11月29日上午，日军闯入塘湾乡袁家石桥南侧的曾家里，将曾金岐家新建的29间瓦房全部烧毁。乡医何乐水父子闻讯逃难，途中遭日军枪杀。

1940年4月10日中午，共和村薛家弄陆坤生不满日本兵的恶行，带领手下人伸张正义，结果遭日兵枪杀。

火红年代“五朵金花”

位于吴泾地区的吴泾化工厂、上海碳素厂、上海焦化厂、上海电化厂(后为氯碱化工股份有限公司)、吴泾热电厂,人称“五朵金花”。

公交汽车行驶在新建的龙吴公路上
(摄于 1959 年 11 月 18 日)

1958 年 1 月,我国第一个自行设计、施工的大型氮肥厂在吴泾地区兴建,8 月 1 日定名为“上海吴泾化工厂”。随之,从龙华至吴泾修筑了龙吴公路,10 月开通公交汽车线。

1963 年 9 月 26 日,国家验收委员会通过了对吴泾化工厂一期工程的验收。《解放日报》刊文指出,“吴泾化工厂是我国第一座自己设计、自己制造设备、自己安装、自己开工的大型氮肥厂。第一期工程的建成投产,是我国以自力更生为主的建设方针的伟大胜利,同时也是贯彻党的建设社会主义总路线,实现多快好省的一个典型”。随后,吴泾化工厂创造了新中国化学工程史上的四个里程碑:自行设计、自行安装和试车国内第一套年产

2.5 万吨合成氨装置；建成国内第一套轻油转化年产 8 万吨甲醇装置；自行设计、制造国内第一套年产 30 万吨合成氨、24 万吨尿素装置；建成国内第一套年产 10 万吨的醋酸装置。

1964 年 3 月，中共中央总书记邓小平轻车简从，步履轻捷地前来视察吴泾化工厂。在变换炉的自动控制台前，他听说这是国内第一套化工生产自动控制设备，就要求介绍得更详细些。厂领导提出，我们想加快自动化步伐，但是技术人才和经费都不足。邓小平语重心长地说："我们要自力更生，也要学习国外的先进技术、先进经验，不要闭门造车，外面的世界大得很。"他明确表态："经费问题上海解决不了，还有中央么。"于是，一系列自动化项目很快地启动了。

1964 年 4 月 13 日，国家副主席董必武前来视察吴泾化工厂。他不顾 78 岁的高龄，沿着长长的铁梯登上了高高的化工装置。在考察生产现场和操作室，听取工厂领导、工程师的讲解后，挥笔留下题词"化分化合，依自然律。巧夺天工，品由气出。农业急需，滋养公物"，充分肯定吴泾化工厂为国家所做的特殊贡献。

上海碳素厂于 1958 年 6 月 1 日建厂，由公私合营三家工厂合并改组而成，1960 年建成投产。

上海吴泾化工厂第一期工程厂区全貌

1958 年 9 月 28 日，上海焦化厂在吴泾建厂。从此为上海钢铁产业提供了几千万吨的焦炭、化工原料和上千亿立方米的城市煤气。

1958 年，吴泾热电厂和上海电化厂在吴泾建设第一期工程。

1958 年起，吴泾化工厂、上海电化厂等企业持续兴建职工家属宿舍，有“吴泾一村”“吴泾二村”“吴泾三村”等。

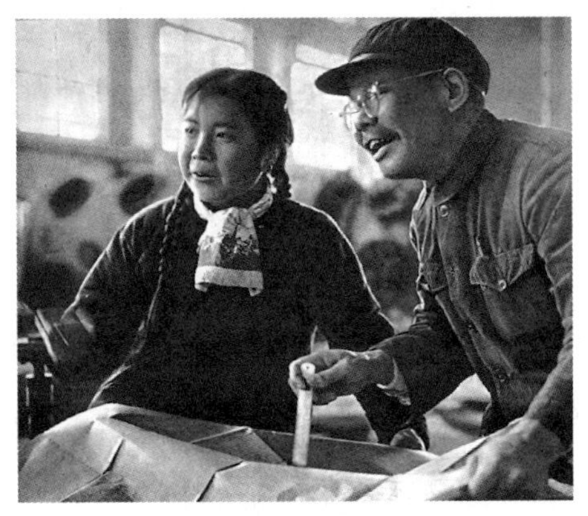

助理技术员江兰娥和负责机器安装的老技工张顺生在研究工作

1963 年时的合成氨车间

1959 年吴泾炼焦制气厂

1959 年吴泾热电厂

20 世纪 80 年代的吴泾化工厂

塘湾公社图像

人民公社，是工农商学兵相结合的基层单位。公社设管理委员会，为“政社合一”的基层政权机构。

1958 年 9 月 29 日，塘湾乡和曹行乡南部合并成立勤丰人民公社。1959 年 8 月，勤丰公社划为塘湾、曹行两个公社，塘湾人民公社成立。

1966 年莺湖六队采摘棉花

幸福大队精选良种

莺湖二队在黄浦江边开荒田

1968 年 10 月 25 日和 1969 年 2 月 25 日，有两批十七八岁的知识青年到塘湾公社插队落户。

塘湾公社文艺演出队

幸福大队文艺演出队

1969年5月29日下午，塘湾及曹行地区骤降风雨，冰雹夹击，前后一个多小时。风雨中，大量房屋、畜棚受损，眼看夏熟无收，秋熟无望。面对灾害，男女老少齐心出动救灾，减少损失。全县各地前来支援。1970年，上海人民出版社出版了反映这场抗灾斗争的连环画《胸怀朝阳战冰雹》。

连环画《胸怀朝阳战冰雹》

“三抢”时节

1970年上海爱华沪剧团《红灯剧》剧组来到塘湾公社

1976年11月公社召开庆祝粉碎“四人帮”暨公社表彰大会

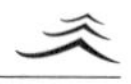

1976 年塘湾公社推广老人操

河道积肥，保护水源

水产丰收

塘湾供销社送货到田头

公社大院留影

1984 年 3 月，恢复塘湾乡政府建制，政、社分设。当年塘湾乡农副工业总产值 1 877.5 万元，其中农业 672.3 万元，副业 1 016.8 万元，工业 3 474.1 万元。时有电镀、五金、化工、塑料、服装、化纤、农机、砖瓦、轧钢等工厂 42 家，其中乡办 14 家、村办 28 家。

1986 年塘湾乡首届艺术节开幕

今日吴泾镇

2000年10月18日,经上海市人民政府批准,撤销吴泾街道办事处和塘湾镇建制,建立吴泾镇。

今日吴泾镇现有区域面积37.6平方千米,下辖8个村、20个居委、29个小区。区域内有吴泾工业区(积聚了上海焦化有限公司、吴泾化工有限公司、吴泾热电厂、氯碱化工股份有限公司、上海三爱富股份有限公司等一批大型企业)、上海紫竹高新区、吴泾科技园、上海交通大学、华东师范大学、东海学院等园区和高等院校。

吴泾镇按照功能划分大体可以分为三大部分:第一块是吴泾老工业基地。如今是上海市划定的战略留白区,上海市2035规划定位该区域是“人工智能+科技时尚”,预留承接重大赛事和重大项目。第二块是吴泾主要的人口居住区、商业配套区和产业规划区。第三块是紫竹科学园区和大学校区。

自2018年6月起,完善并实施《吴泾镇科技时尚特色小镇建设三年行动计划》。2017年8月,国家住建部正式批准吴泾镇为第二批全国特色小镇。目前,吴泾镇围绕科技和时尚两大主导产业,制定了“一轴两带三区”的产业布局规划。

“一轴”即莲花南路科技时尚功能轴。莲花南路不仅是贯通吴泾南北的交通主干道，也是打通科技与时尚两大板块，承担资源联动、产业互补、文化融合等重要功能的复合发展轴。

“两带”即黄浦江创新生态活力带、北吴路秀美乡村体验带。吴泾将充分利用黄浦江岸线的丰富资源和“浦江第一湾”的品牌优势，加快推动滨江公园延伸段和兰香湖建设。未来，滨江区域将是集时尚体验、文化艺术、高端商务、运动休闲等功能为一体的全球科技创新区、时尚创意展示区和生态休闲宜居区。同时，借助塘湾老街的古镇资源和乡村生态资源，打造以塘湾老街与和平村市级美丽乡村建设为重点，实施放鹤谷、樱桃园、上海市学生学农基地等乡村振兴项目，打造留得住乡愁的秀美乡村。

“三区”即南部卓越科创城区、西部魅力时尚社区和东部前沿产业新区。在南部，重点依托紫竹科学园区和交通大学、华东师范大学等资源，加强基础创新与关键技术创新，推动科研成果转化、科技企业孵化，打造上海南部“科研要素最集聚、创新创业最活跃、生活服务更完善、生态环境更优美”的卓越科创城区。在西部，依托时尚龙头企业、文化创意园区等资源，加快推进元江路地铁上盖、莲花南路产业地块等重点项目的规划建设，打造集研发设计、创新孵化、展示体验、休闲娱乐等于一体的全

黄浦江畔风貌

链条、高品质时尚功能集聚区。在东部，将按照未来上海市“双高政策”和“产业地图”的相关定位，围绕科技时尚、人工智能两大产业，重点培育智能硬件、智能机器人、人工智能等前沿新兴产业，打造全市转型升级和高质量发展的示范区。

吴泾很美，其未来必将更美。

附录

历史文化大事记（1082—1949）

北宋元丰五年（1082）

初春，青龙镇监镇米芾乘船路过莺窦湖，留下行草大作《吴江舟中诗卷》。

南宋嘉泰年间（1201—1204）

里人邹运干舍宅建南广福寺（俗呼邹家寺）。

元延祐年间（1314—1320）

知名曲家宋子正、卫德辰隐居莺窦湖畔。

明洪武十九年（1386）

邹家寺对岸始建“愍渡庵”。

洪武年间（1368—1398）

黄浦江边，王、钱、张诸族造船募人开设吴冲泾渡，何梅轩开设何家渡。

永乐元年（1403）

户部尚书夏原吉赴苏松地区治水，采纳叶宗行和张宾旸的建议，实施“江浦合流”工程。

永乐十八年（1420）

蒋性中24岁考中举人。

宣德二年（1427）

三月，蒋性中登进士。不久，建尚义桥。

天顺四年(1460)

南京都察院右副都御史崔文奎疏浚六磊塘、莺窦湖,通流入黄浦。

成化四年(1468)

蒋性中告老返乡,建“九老会”。

成化十八年(1482)

蒋性中在家逝世,享年87岁。

正德元年(1506)

正月初二,陆铨将父母合葬。今存《处士陆溪云夫妇合葬墓志铭》。

正德十二年(1517)

三月九日,何谭就葬于姚溪之左。今存《明故江西饶州府通判何西野墓志》。

嘉靖二年(1523)

上海知县郑洛书开设车沟官渡。

嘉靖十四年(1535)

金红村俞塘河口始建金钟庙。

嘉靖三十一年(1552)

十二月,何文瑞就地墓葬。今存《明故鸿胪序班东湖何文瑞墓志铭》。

嘉靖三十三年(1554)

倭寇沿黄浦江作恶。

隆庆三年(1569)

应天府巡抚海瑞主持在古东江金汇港口修建水闸,后称“闸港”。

万历二十六年(1598)

蒋性中裔孙蒋光绅募修尚义桥。

万历年间(1573—1620)

王春华建王氏厅,马应麟建马氏厅。

六道浜耕织堂时称“松江府东第一堂”。

崇祯二年(1629)

钱氏家族建“花厅”宅院,并在黄浦江边建永慈庵供渡江者息脚。

崇祯九年(1636)

星火村马家里马应麟建栖云庵,俗称“马氏家庵”。

始建普济庵(俗称“蒋家庙”)。

清顺治二年(1645)

友爱村清华浜畔始建甘露庵。

顺治三年(1646)

英武村始建沙门塘庙。

康熙三年(1664)

里人王茂忠舍宅建斗姆阁。

雍正三年(1725)

疏浚六磊塘、俞塘等河道。

乾隆六年(1741)

蒋映日等重建蒋氏宗祠。

乾隆四十年(1775)

夏,斗姆阁重修。

嘉庆元年(1796)

九月,永慈庵重修。

嘉庆十年(1805)

吴冲泾庙迁建于通济桥北(今吴泾渡口北)。

嘉庆十九年(1814)

《上海县志》建置篇始列“塘湾市”。

道光十四年(1834)

何文源、王蔼如、张惠曾等纂辑《塘湾乡九十一图里志》,七月编成上卷,九月编成下卷。

道光十八年(1838)

南汇县蒋人涖等纂修《蒋氏族谱》。

道光二十三年(1843)

塘湾乡沈文澜、彭棣捐田,发起创办恒裕堂。

道光二十四年(1844)

蒋性中裔孙蒋椿重修尚义桥。

咸丰元年(1851)

斗姆阁内立《吴冲泾渡捐钱碑》《吴冲泾渡西船碑记》《吴冲泾渡东船碑记》。

同治十年(1871)

本地建团练局,莺窦湖一带并入闵行乡。

是年,《上海县志》记载"塘湾市"。

光绪二十年(1894)

塘湾乡钱椒、孙景康、王长秀、杨德圻等发起建立保节会。

光绪三十年(1904)

闵行闵南轮船局创设后,闵行至上海县城始行轮船客运,沿黄浦江停靠塘湾、关港,每日往返一次。

是年,斗姆阁重修。

光绪三十一年(1905)

蒋庆和创办莺湖小学堂。

光绪三十二年(1906)

丁光弼、王杰创办日新小学堂。

光绪三十三年(1907)

钱椒在塘湾镇中心街东面创办初级小学堂,何毓桂创办芦江小学堂,宋成业创办启文小学堂。

宣统元年(1909)

日新小学堂改名为吴泾小学堂。

宣统二年(1910)

八月,塘湾地区实施地方自治。建乡议事会,议员12人,议长陈善,副议长杨德圻;建乡公所,推举钱椒任乡董,钱枚任乡佐。

民国元年(1912)

七月,乡议事会改组,议长孙景福,副议长何毓桂。

十二月，创设乡立第一初级小学校（双溪小学堂）。

是年，斗姆阁内立《渡夫另化新捐私建渡船碑》。莺湖庙重修。

本地织布上市的人家占总户数60%。

民国二年（1913）

二月，塘湾小学改称乡立第二初级小学校。

十月，乡议事会议员半数任满而改选。

民国三年（1914）

一月，塘湾乡建立农会，设立塘湾警察派出所。

三月，乡议事会解散。

民国四年（1915）

吴冲泾庙重修。

民国六年（1917）

二月，吴泾小学堂改称乡立第三初级小学校。创设乡立第五初级小学校（甘露小学）。

十月，创设乡立第四初级小学校（汤桥小学）。

是年，南广福寺重修。

民国七年（1918）

吴泾小学教师李子嘉提倡文明结婚，主张以行三鞠躬代替跪拜旧礼仪，在参加一次文明婚礼后被吹打班打死。

民国八年（1919）

六月，声援北京五四爱国运动，上海罢课、罢工、罢市。塘湾镇商界响应。

夏季，疫病流行，丁竟成邀集四方名医，在塘湾设施医局，施诊给药。

民国九年（1920）

冬，穆湘瑶等集股在吴冲泾渡口附近创办信大砖窑业工场。

民国十年（1921）

丁竟成、丁及成、陈善、彭荫乔、何林发、王君儒、何少岩、潘昂云、孙谷生等创办保婴会。

民国十一年(1922)

薛家弄(今共和村十组)陆雨根创建"陆家皮影戏班"。

民国十二年(1923)

12月,乡议事会恢复,乡董王长秀,乡佐周澄。

是年,金秋潮募捐重修金钟庙。

民国十三年(1924)

7月7日,乡议事会改选,议长丁及成,副议长钱朗蟾,推举彭召棠任乡董,孙介凡任乡佐。

民国十四年(1925)

2月,创设乡立第六初级小学校(观涛小学)。

8月,塘湾镇同德堂药号主人周澄创设施医局。

民国十五年(1926)

4月,塘湾镇恒裕堂建造"客民寄棺处"。

6月,乡议事会改选,董佐均连任。

10月,乡立第二初级小学校扩建校舍。

民国十七年(1928)

1月中旬,中共塘湾、曹行地区地下党员在陆家店组织农民暴动,遭镇压。

2月,创设乡立第七初级小学校(培材小学)。

3月,乡立第五初级小学校扩建。

春季,乡立第六初级小学校购地扩建。

5月,乡议事会改塘湾行政局,彭召棠任局长。

7月22日,塘湾乡保婴会、恒裕善堂、保节会等团体合并,定名为塘湾乡慈善团。

7月,上海县、市分治,塘湾乡归江苏省上海县。

8月,创设乡立第八初级小学校(塘闵小学)。

是年,乡立第一初级小学校扩建;乡立第二初级小学校试办完全小学;乡立第三初级小学校扩建,改为复式编制。

民国十八年(1929)

6月24日,《申报》刊《建设局技术员报告测勘里数》,正式使用"樱桃河"河名。

民国十九年(1930)

塘湾镇设上海县第二区区公所和塘湾警察分驻所。

民国二十年(1931)

7月,上海县立塘湾民众教育馆在塘湾镇前进街东面开馆,设茶园、体育场、民众学校、书报处、代笔处、民众诊所等。

民国二十五年(1936)

疏浚吴冲泾。

是年,塘湾中心国民学校建《塘湾小学立校三十周年纪念碑》。

民国二十六年(1937)

11月11日,塘湾地区沦陷。

是年,塘湾集镇时有商店六七十家。

民国二十七年(1938)

8月4日,塘湾镇商会主席彭伟人被日军枪杀。

11月29日,日军闯入曾家里烧毁瓦房29间,枪杀乡医何乐水父子。

民国二十八年(1939)

6月15日,塘湾镇的振南街、中心街120余间店面被日军焚毁。

民国三十一年(1942)

6月28日,中国砖瓦股份有限公司三厂(简称"吴泾砖瓦三厂")在吴泾建立。

是年,共和村张家石桥始建地母宫。

民国三十三年(1944)

11月,信大砖瓦厂重建,聘用职工170人。

是年,创办私立慈康中学。

民国三十六年(1947)

塘湾集镇时有商店约90家。

民国三十七年(1948)

7 月 1 日,塘湾中心国民学校大礼堂举行落成典礼,并纪念创学 44 周年。

7 月 10 日,塘湾学友会成立。

民国三十八年(1949)

5 月,塘湾、吴泾地区解放。

吴江舟中作

（宋）米　芾

昨风起西北，万艘皆乘便。
今风转而东，我舟十五纤。
力乏更雇夫，百金尚嫌贱。
船工怒斗语，夫坐视而怨。
添棒亦复车，黄胶生口咽。
河泥若祐夫，粘底更不转。
添金工不怒，意满怨亦散。
一曳如风车，叫啖如临战。
傍观莺窦湖，渺渺无涯岸。
一滴不可汲，况彼西江远。
万事须乘时，汝来一何晚。

米芾（1051—1107），北宋书法家、画家，书画理论家。

黄浦涛

（元）张之翰

黄浦春风正怒号，扁舟一叶渡惊涛。
诸君来问民间苦，何用潮头几丈高。

张之翰，字周卿，号西岩。邯郸（今属河北）人。元代词人。至元末年自翰林侍讲学士知松江府事。

黄浦水

（元）沈梦麟

黄浦水，潮来载木棉，潮去催官米。
自从丧乱苦征徭，海上人家今有几。
黄浦之水不育蚕，什什伍伍种木棉。
木棉花开海天白，晴云擘絮秋风颠。
男丁采花如采茧，女媪织花如织绢。
由来风土赖此物，祛寒庶免妻孥怨。
府帖昨夜下县急，官科木棉四万匹。
富家打户借新租，贫者沿村赊未得。
吁嗟黄浦水，流恨何时枯。
谁知木棉织成后，儿啼女泣寒无襦。

沈梦麟（约1335年前后在世），字原昭，吴兴人。

莺湖九老会

（明）蒋　坚

归田两袖拂清风，结社还欣聚老翁。
二仲尚嫌来住寂，八公何幸性情同。
勋名已等云烟散，诗酒唯凭宴会通。
月一相逢欢竟日，盘食适口不须丰。

蒋坚，字宗实，成化年间人，居莺窦湖滨。增贡生，任福建沙县知县。

莺湖九老会

（明）蒋　云

大夫七十去官回，会仿前贤笑口开。
黄发相看天数合，白衣似约菊秋来。
旧时云树思堪慰，此日莼鲈喜共陪。
竹有余阴松有荫，一堂杖履乐徘徊。

蒋云，字从龙，居莺窦湖滨，嘉靖七年（1528）举人。历任山东蒲台县、江西会昌县县丞。享年 81 岁。

莺湖九老会

（明）蒋永澄

觞咏无虚旧钓游，九老合志兴长留。
偶寻花圃同携杖，欲泛菱湖共拍舟。
莫羡阮林分大小，却添蒋径几羊求。
知音同调心相许，讵让香山菊味投。

蒋永澄，字定川，嘉靖年间增贡生，居莺窦湖滨。出任大名府清丰县县丞。

莺湖九老会

（明）蒋　彬

林下风清地亦偏，良辰雅集共陶然。
春酣修竹崇兰地，秋坐朱萸黄菊天。
诗酒之间联旧雨，羲皇以上乐余年。
莺湖足继香山会，今古人文合并传。

蒋彬，字乐吾，嘉靖年间廪贡生，居莺窦湖滨。

莺湖九老会

（明）蒋继祯

杖履优游乐太平，寄身诗酒尽长庚。
月为一会欢同调，人与九峰欲竞名。
占得东都高品格，缔成真率旧交情。
苍颜皓首皆康寿，把酒桑麻笑语盈。

蒋继祯，字世瑞，号思闲，居莺窦湖滨。嘉靖年间，出任广东东莞县盐吏大使。

莺湖九老会

（明）蒋传道

香山余韵复堪图，仙侣相将鸠杖扶。
尚义桥边成雅集，乐耕堂上聚欢呼。
无肴尽可羹为荠，有酒还添脍是鲈。
此会未知年几百，共倾心迹在蓬壶。

蒋传道,字汝行,号婴宾,居莺窦湖滨。嘉靖年间,出任威海卫经历。主修《蒋氏宗谱》。

莺湖九老会

(明)蒋尔芳

湖为闻莺友易求,李公有记记名流。
九峰分作九人寿,一月欣逢一日留。
想见殷勤谈道义,岂图哺啜订交游。
于今我亦蒙天假,七十虽逾奈寡俦。

蒋尔芳,字君宾,世居莺窦湖滨。万历年间青浦县学庠生。主纂《蒋氏族谱》。

咏尚义桥

(明)蒋尔芳

正民心事用还余,桑梓杠成病涉除。
好似来云波上卧,何须暂假国侨舆。

移资采石惠加乡,仁育源头递及长。
想见当年怜问渡,忍教绰楔焕门墙。

朴耕秀读奋重修,共羡芳型奕冀留。
若得子孙咸尚义,祖风勿替仰诒谋。

尚义桥颂

（明）蒋　柱

溱洧有乘舆，莺窦无徒杠。奈此病涉民，临涯意彷徨。
一水分地域，东西徒相望。蒙恩视故事，立表旌其堂。
岂不被荣宠，忍见濡衣裳。移费采山骨，聚石架河梁。
与其荣吾家，孰若利吾乡。通道行坦坦，中流水洋洋。
不烦官府檄，岂资里闾镶。百年付逝波，遗爱视道旁。
仁人不可作，宛在水中央。顾瞻先民志，尚义名允当。

蒋柱，字叔承，万历年间庠生，居莺窦湖之东，主纂《蒋氏族谱》。

乐耕堂颂

（明）蒋　柱

朝氛蒙中土，四海流膻腥。资之润稷黍，百年不成馨。
圣水洗余秽，皇风扇群灵。陇上有生意，耕野无穷民。
东皋候零雨，早作披晨星。岁事辨稌黍，日计较阴晴。
岂不动四体，乐此不为辛。且耕而且读，桔槔杂书声。
田畴秋有获，翰墨春一鸣。犁锄方卒事，内召趋神京。
禁直有余暇，彷徨念先臣。构堂志遗德，特笔颜其甍。
涉降庭上下，仿佛如有闻。勒成三字额，百世视箴铭。

勤织堂颂

（明）蒋　柱

海上无蚕桑，潮沙宜吉贝。织作成文章，授衣此为最。
道婆惜已殁，遗风犹未艾。母也实继之，有过无不逮。

食贫早有年，朝暮织是赖。别色上鸣车，震弹声户外。
缕缕出岫云，翏翏发穷籁。晨梳逐流星，夜纬乘余暖。
习惯亦性成，相耕天立配。我生忽不天，夫子中道背。
茕茕历艰辛，服勤毋乃太。膏火伴伊唔，程限两相待。
课读二十年，学成感帝赉。就禄赴京华，眉寿无有害。
慈训志生平，勤织名公廨。赐省莺窦侧，小水一衣带。
临湖作新堂，堂额郡乘载。书由徽国来，文向泰和丐。
仰瞻龙蛇生，俯瞩锦绣在。妇女百世师，作者不可再。
愿言有尹言，望古心与会。

勤织堂(为云间蒋黄门用和赋)

（明）刘　溥

三代去已远，女职火复闲。
汲汲鲁敬姜，谆谆有遗言。
贤哉舍骄习，供事不少难。
惟此闺中勤，衣裳乃其端。
晨兴月在户，宵作霜露寒。
寒蛰烈烈啡，络纬吟灯前。
虚檐应伊轧，既断还复连。
寻尺累至文，乃复一匹宽。
四体固云劳，中怀郁以烦。
千载孟母心，于此实相关。
令子今登庸，赫赫黄门官。
筑堂表慈训，昕夕愉其颜。
昆山何岧峣，泖水增波澜。
报封有恤典，拭目当盛观。

按：蒋黄门即蒋性中。

刘溥，字原博，号草窗，明代长洲（今江苏苏州）人。太医，工诗，列“景泰十才子”之首。

田家月令

（清）张惠曾

正月田家贺岁朝，东邻西舍尽欢招。
旧来灯市今能否，相约杯盘乐一宵。

二月田家服用华，藜羹煮饭笋煎茶。
牧牛稚子携蒿菜，刈蒲村姑摘杏花。

田家三月过清明，驾犊扶犁力课耕。
烟雨霏霏身入画，天公妙手轶关荆。

四月田家到处忙，棉花欲种多登场。
种花预备公私赋，登麦时闻饼饵香。

千耦耕耘腰背驼，田家五月敢蹉跎。
这般辛苦无多日，饱听秋成大有歌。

日光如火昼方长，六月田家汗似浆。
破帽遮天骑犊背，牧童何福受清凉。

七月田家是暇时，省亲少妇抱娇儿。
几多瓜果时鲜物，夫婿亲携后面随。

木樨花发晚风凉，八月田家逸兴长。
螺勺乍收垂叶露，鸭炉又炷敬天香。

秋稼如云喜气扬，田家九月庆重阳。
粉凝玉乳糕初熟，糟滴珍珠酒乍香。

十月田家社会哗，铺张看核斗繁华。
东邻处士何为者，不看迎神看落霞。

冬至初交岁欲阑，田家欢饮坐团栾。
老翁指廪为儿说，一半须将官赋完。

爆竹声高响震天，还看丁倒贴春联。
田家腊月宽闲甚，整理衣衫待拜年。

张惠曾，字纪堂，号杞村，清道光年间塘湾人，佾生。

咏莺湖十景

（清）蒋　堉

自卑闻磬

径曲花深僧诵经，几回清磬韵泠泠。
尘心应使闻俱寂，别梦还教到易醒。
云外晨钟将共还，月中暮鼓倩谁听。
投斋乌鹊群飞下，不断余音户已扃。

尚义落虹

通衢安可少河梁，移帑填桥利我乡。
今日往还忘唤渡，他年寒沍免褰裳。
半天彩落环乌鹊，两岸荫深接绿杨。
为把君恩来济齐，义声千古共流长。

双杏垂荫

郁郁葱葱几百年，交柯并荫我家阡。
久依支溇水边古，如带慈恩寺里妍。
得气漫矜能拔地，钟灵争羡欲参天。
余荫尚庇云礽远，飞鸟何时傍后旋。

重坊旌节

坊间莺湖西复东，后先辉映耸云中。
一门苦节扶伦纪，五氏恩光著令功。
合享烝曾祠可立，并登志乘笔从公。
巍巍相望垂千载，巾帼原堪挽世风。

乐勤遗构

旧第从来禾黍多，我家何幸尚巍峨。
一犁想见春雨前，半轴如闻秋夜梭。
作室当时勤孝养，背堂奕世著诗歌。
相传四百余年后，源远流长未雀罗。

邢窦故墟

人往时迁未了因，犹传两姓结芳邻。
邢姨诗咏侯何贵，窦氏祥占桂聿新。
似检衣冠思尹吉，如连村舍话朱陈。
欲寻遗迹今何在，废瓦颓垣问水滨。

蒋氏弦诵

祠傍湖边远市阛，不妨绿满草忘删。
弦歌韵绕烝曾地，俎豆香流经史间。
十载奇文应共赏，四时乐意却相关。
先芬行路多称道，又得新添玉笋班。

屠墓樵吟

方伯佳城本郁威，何来樵唱墓门围。
残碑谁为摹荒藓，翁仲空教对落晖。
遥和渔歌还自乐，每随牧笛似来归。
一为凭吊思兴废，欲共松楸叹式微。

南浦归帆

出宰时悲问视遥，几经雨晦兴风潮。
片帆高挂长沙日，一叶轻浮尚义桥。
岂为莼鲈旋解组，却瞻屺岵理归桡。
到家适得风来助，舞綵堂开对好潮。

东皋采药

何年种药傍湖湾，高岸逶迤似近山。
松下问童云未散，桥边着屐草先删。
提筐适兴常舒啸，拍蝶寻香好趁闲。
倘向斜阳频陟望，天空飞鸟倦知还。

蒋堉，字郢高，别号岂匏，居莺窦湖之东，清乾隆年间国学生。主修《蒋氏宗谱》，著有《从吾斋稿》。

咏莺湖十景

（清）蒋淑英

自卑闻磬

老僧应入定，风送一声磬。
为问世间人，尘梦可曾醒。

尚义落虹

移坊建石梁，遗泽焉敢忘。
与其荣我家，曷若利我乡。

双杏垂荫

双杏高寻丈，垂荫十亩广。
其旁有女萝，也附孙枝长。

重坊旌节

女子贵从一，虚荣无足述。
抚此石坚贞，中有水霜质。

乐勤遗构

一尺复一斗，不借他人手。
归田乐此堂，述父而养母。

邢窦故墟

人杰地自灵，河以姓得名。
那知未千载，河名且变更。

蒋氏弦诵

何以妥先灵，书香幸留遗。
听到读书声，胜奏迎神词。

屠墓樵吟

昔为显者墓，今成樵采地。
翁仲纵无言，相对如堕泪。

南浦归帆

南望春申浦,一帆归远天。
得尝终养愿,不愧孝廉船。

东皋采药

傍河一土丘,疑是蓬莱峤。
采采满生意,临风更舒啸。

蒋淑英(1830—1864),字绣余,蒋性中十三世孙女。嫁给竹冈黄氏十八世孙黄兆勋(1823—1867,字寅伯,号杏园),居闵行老镇文蔚堂。侍候翁姑极诚敬,家务之余不废文史,诗词婉约、书法娟秀,著有《绣余漫草诗稿》,可惜35岁即因病去世。《上海县志》有传。

松江衢歌·端午赛龙舟

(清)陈金浩

龙潭五月聚龙舟,瓶酒随波没鸭头。
不及闵行喧夜渡,烧灯荡桨唱吴讴。

陈金浩,字锦江,清乾隆、嘉庆年间华亭人。恩贡生,官宣城教谕。

莺湖九老会

(清)蒋景曜

故交转暖发俱星,嘉会频教倒绿棂。
握手清风襟上起,连床好雨枕边听。
七旬上并齐康寿,九老人中尽鹤龄。
是否白公今复作,后先媲美仰余馨。

蒋景曜,字涵万,清康熙年间国学生,居莺窦湖滨。

莺湖九老会

(清)蒋 煜

故园可乐挂冠归,事继香山兴未非。
皓首仍欣兰是臭,苍颜合舆鹤相依。
重携云树莺湖畔,倾接簪裾竹里扉。
把酒桑麻时话旧,共忘窗外日斜晖。

蒋煜,字广昇,清康熙年间国学生,居莺窦湖滨。

游吴冲泾庙

(清)王 舟

江头遗庙境超凡,会意幽寻众妙咸。
动殿雷声前后浪,拂窗云影去来帆。

王舟,字抡士,号济川,清乾隆年间本地武庠生。

吴冲泾庙

(清)何文源

一庙依江滨,僻陋游人寡。
馨香奉社公,户宇规兰若。
晴曦耀栋梁,奔浪溅鸯瓦。
疏垣仅及肩,杂树才盈把。
东壁一窗开,午潮千里泻。

渔舟小似凫，风帆疾如马。
游目畅心神，裁诗愧风雅。
胜地过从稀，我亦悠悠者。

何文源，字采江，清嘉庆、道光年间塘湾乡人。

吴冲泾庙

（清）王蔼如

信步游春郊，花柳盛红绿。
眷兹数步地，有庙临江澳。
西顾麦盈畴，东观浪高屋。
风景惬登临，威灵集祈祝。
惟神德聪明，居民仰亭育。
鬼魅严防闲，善良俾安燠。
虔承上帝心，广锡苍生福。
终古绵馨香，春兰接秋菊。
尸位窃牺牲，我民何从禄。
神听默无言，窗外莺啼竹。

王蔼如（1802—？），字乐山，号韵卿，嘉庆、道光年间塘湾乡人。

勤织堂

（清）黄家锟

机杼真教孟母同，相夫翼子溯闺中。
数团经纬棉纱白，半夜勤劳篝火红。
名显诗书光奕奕，家承祖父日隆隆。

莺湖遗苑千秋在，要示儿孙克俭风。

黄家锟，字晋藩，号谈生，竹冈黄家河圈人，黄氏家族第十五世孙。著有《竹冈诗抄》。

邹家嘴

(清)丁宜福

春潮漂悍比秋潮，嘴转邹家势更骄。
记取菜花黄一色，泊舟休系闸溪桥。

丁宜福(1817—?)，字时水、慈水，清代南汇县十六保八图(即浦南太平乡白庙港)人。岁贡生，有“乡野诗人”之美誉。

潘家浜

(清)王　舟

一水萦回绕练纹，三图疆界此间分。
临风听唱渔家乐，怅望幽人隔暮云。

唐家浜

(清)施振声

门外清溪一鉴开，何人珍重濯缨来。
闲情欲问眠溪鹭，隐约征鸿梦几回。

施振声，字春浦，清代人。

清芳浜

（清）何文源

一溪活水源通天，荻花夹岸秋凝烟。
板桥横空跨南北，岁深势侧愁危颠。
东望申江不百步，涛声澎湃帆樯连。
江流西行此分派，入口水势无奔骞。
红村围堤四寥寂，游鱼群戏初残莲。
微风动水水纹绉，天光日影交回旋。
名流临览越几辈，遗绩杳杳无流传。
或因僻陋未经历，清芳佳号非无端。
苦思莫测姑舍是，世事核实滋疑团。
濠梁妙理柠胸次，欲呼潭影谈蹄荃。
兴惬幽寻缓归步，和陶先拟游斜川。

溏子泾

（清）张惠曾

幽寻兴为绕溪浓，净绿深涵景万重。
更喜游鱼闲掉尾，浮萍破处露云峰。
浴凫飞鹭画图开，缓步寻诗往复回。
忽讶地中鸣鼓角，江边风拥午潮来。

吴泾地区历史沿革简表

<table>
<tr><td>1292 年</td><td colspan="2">上海县长人乡二十一保、十八保</td></tr>
<tr><td>1912 年</td><td colspan="2">上海县塘湾乡</td></tr>
<tr><td>1928 年 5 月</td><td colspan="2">上海县塘湾行政局</td></tr>
<tr><td>1930 年 8 月</td><td colspan="2">上海县第二区</td></tr>
<tr><td>1948 年 7 月</td><td colspan="2">上海县塘湾乡</td></tr>
<tr><td>1950 年 9 月</td><td>上海县塘湾区</td><td>塘湾区吴泾乡</td></tr>
<tr><td>1954 年 6 月</td><td colspan="2">上海县塘湾乡</td></tr>
<tr><td>1958 年 9 月</td><td colspan="2">上海县勤丰公社一至五大队</td></tr>
<tr><td>1959 年 8 月</td><td colspan="2">上海县塘湾公社</td></tr>
<tr><td>1960 年 3 月</td><td rowspan="3">上海县塘湾公社</td><td>原闵行区吴泾街道</td></tr>
<tr><td>1964 年 5 月</td><td>徐汇区吴泾街道</td></tr>
<tr><td>1982 年 4 月</td><td rowspan="2">原闵行区吴泾街道、
吴泾工业区</td></tr>
<tr><td>1984 年 3 月</td><td>上海县塘湾乡</td></tr>
<tr><td>1992 年 9 月</td><td>闵行区塘湾乡</td><td rowspan="2">闵行区吴泾街道</td></tr>
<tr><td>1993 牟 5 月</td><td>闵行区塘湾镇</td></tr>
<tr><td>2000 年 10 月</td><td colspan="2">闵行区吴泾镇</td></tr>
</table>

后记

对于今日吴泾镇地区的历史人文资源，以往缺少深入的发掘和有效的宣传，长期几乎被人们淡忘了。2013 年，笔者应邀承担策划“吴泾历史人文陈列馆”陈展任务，便静心查阅清道光《塘湾乡九十一图里志》、新编《塘湾志》等历代史志文献和地方文博档案资料。几番赴实地采访，召开知情人座谈会，梳理了地方文脉，终于编成陈展大纲、完成布展任务，同时编成《申浦湾角》图文集。后又对“浦江第一湾”的形成及其价值、塘湾钱氏家族等课题做了专题研究。2020 年，因吴泾镇宣传部门需要，将这些研究成果编印成《吴泾，自古是个好地方》。在此基础上，现进一步修订为《吴泾史话》并正式出版，以飨读者。

吴泾镇地区的历史人文资源丰厚，只要坚定文化自信、努力创新发展，吴泾的未来必将更加美好。

张乃清

2023 年 3 月

上海闵行地方文史丛书

（闵行区文化发展专项资金资助项目）

第二辑

《浦江史话》
《吴泾史话》
《马桥史话》
《颛桥、莘庄工业区史话》
《梅陇、古美史话》
《莘庄史话》
《七宝史话》
《虹桥史话》
《华漕、新虹史话》
《江川史话》
《浦锦史话》

第一辑

《闵行秀·老屋大观》
《闵行秀·古迹寻踪》
《闵行秀·乡土墨客》
《上海闵行英烈》
《上海闵行红色地图》
《百年沪闵路》（修订本）
《海派乡土文化》（修订本）
《20世纪上海乡土图像》
《上海闵行历代著姓望族》
《上海闵行地方古籍提要》